하루 한 권 학습만화 8

세계의역사

KB194814

일러두기

이 책은 세계사를 바라보는 다양한 시각 및 국제정치적 감각을 길러주기 위한 목적으로 기획되었다. 원서는 비교역사학을 토대로 서술되어 특정 국가의 시각에 치우치지 않고 세계 각국의 다양한 역사적 사실에 기반을 두고 있다. 다시 말해 우리 민족의 관점으로 바라본 세계사가 아님을 밝힌다.

다만 역사라는 학문의 특성상 우리나라 학계 및 정서에 맞지 않는 영토분쟁·역사적 논쟁점도 분명히 존재한다. 편집부 역시 이러한 사실을 인지하고, 국내 정서와 다른 부분은 되도록 완곡한 단어로 교정했다. 그러나 오늘날 발생하는 수많은 역사 분쟁을 다양한 시각에서 논의할 수 있도록 필요한 부분은 원서의 내용을 살려 편집했다. 교육 자료로 활용하거나 아동이 혼자 읽는 경우 이와 같은 부분에 지도가 필요할 수 있음을 당부드린다.

하루 한 권 학습만화 8

세계의역사

도쿄대학 명예 교수 **하네다 마사시** 감수

제1장 오스만 제국과 이슬람 제국들

비잔티움 제국을 무찌르고 대제국으로 성장한 오스만 제국은 '쉴레이만 1세' 때 전성기를 맞이했다.

오스만 제국

쉴레이만 1세

부자

셀림 1세

조부

메흐메트 2세

멸망 →

비잔티움 제국

콘스탄티노스 11세

마지막 황제

유럽 각지를 정복하고 빈을 포위함. 제국의 전성기를 구축

메흐메트 2세는 비잔티움 제국을 멸망시킴. 그의 손자 셀림 1세는 사파비 제국과 대립함

↕ 대립

무굴 제국

악바르

바부르

'티무르'의 후손인 바부르가 인도에 건국한 나라. 악바르 대에 전성기를 맞이함

사파비 제국

아바스 1세

이스마일 1세

사파비 교단을 이끌던 이스마일 1세가 건국한 나라. 아바스 1세 대에 전성기를 맞이함

제2장 유럽을 휩쓴 30년 전쟁

유럽에서는 가톨릭과 개신교 사이의 대립이 격화돼 30년 전쟁이 발발했다.

네덜란드

빌럼 1세 판 오라녜

초기 네덜란드 독립전쟁의 지도자

← 대립 →

스페인

펠리페 2세

부자

카를 5세의 아들. 스페인의 황금기를 구축함

↕ 대립

신성로마 제국

카를 5세

가톨릭 제국의 재건을 목표로 삼은 황제

페르디난트 2세

즉위한 뒤 30년 전쟁을 일으킨 보헤미아의 국왕

협력 ↑

잉글랜드

헨리 8세의 딸. 스페인의 무적함대를 무찌르고 국력을 키움

엘리자베스 1세

부녀

헨리 8세

교황과 대립한 국왕

주요 사건

1588년

잉글랜드 함대의 스페인 무적함대 격파

1618년

30년 전쟁 발발

1644년

명(明)의 몰락, 청(淸)의 지배

1683년

제2차 빈 공방전

제3장 명(明)의 멸망과 청(淸)의 통일

명(明)을 무찌른 청(淸)은 정성공의 저항까지 물리치면서 중국 대륙을 통일했다. 이후 '강희제' 대에 들어 중국 대륙을 지배할 기틀이 마련되었다.

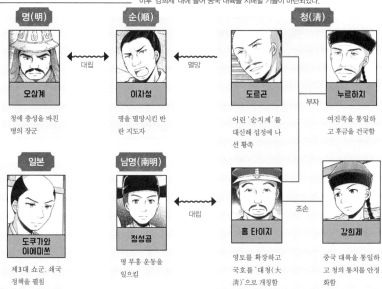

명(明)

오삼계

청에 충성을 바친 명의 장군

순(順)

이자성

명을 멸망시킨 반란 지도자

← 대립 → ← 멸망 →

청(淸)

도르곤

어린 '순치제'를 대신해 섭정에 나선 황족

누르하치

여진족을 통일하고 후금을 건국함

부자

일본

도쿠가와 이에미쓰

제3대 쇼군. 쇄국 정책을 펼침

남명(南明)

정성공

명 부흥 운동을 일으킴

← 대립 →

홍 타이지

영토를 확장하고 국호를 '대청(大淸)'으로 개칭함

조손

강희제

중국 대륙을 통일하고 청의 통치를 안정화함

제4장 오스트리아와 프로이센

오스트리아는 왕위 계승 전쟁을 극복했고, 프로이센은 프리드리히 2세 통치기에 강국으로 성장했다.

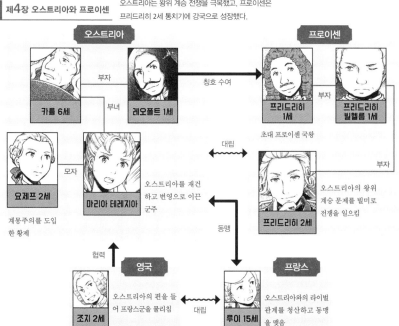

오스트리아

카를 6세

부자

레오폴트 1세

부녀

칭호 수여 →

프로이센

프리드리히 1세

초대 프로이센 국왕

부자

프리드리히 빌헬름 1세

부자

요제프 2세

계몽주의를 도입한 황제

모자

마리아 테레지아

오스트리아를 재건하고 번영으로 이끈 군주

← 대립 →

프리드리히 2세

오스트리아의 왕위 계승 문제를 빌미로 전쟁을 일으킴

동맹 →

영국

조지 2세

오스트리아의 편을 들어 프랑스군을 물리침

협력 ↑

← 대립 →

프랑스

루이 15세

오스트리아와의 라이벌 관계를 청산하고 동맹을 맺음

독자 여러분께

8

변화하는 유라시아 제국들

도쿄대학 명예 교수 **하네다 마사시**

17세기부터 18세기까지 유라시아에는 넓은 영토를 지니고, 다양한 문화를 가진 사람들이 살아가는 '제국'이 등장했습니다. 그 제국은 동쪽부터 '청(淸), 무굴 제국, 사파비 제국, 오스만 제국, 러시아, 오스트리아'와 같은 국가들이었죠. 이밖에도 해외에 많은 식민지를 건설한 '스페인, 포르투갈, 잉글랜드, 프랑스'와 같은 나라들도 제국이라고 볼 수 있겠습니다.

한편 이 무렵 일본은 에도 시대로, 18세기 중엽에 들어서면서 인구가 3,000만 명 정도로 늘어났습니다. 한정된 영토에도 불구하고 인구수만으로는 세계에서 다섯 손가락 안에 드는 대국이었던 셈이죠.

8권과 9권에서는 이러한 제국들의 모습을 소개하고자 합니다. 우선 8권에서는 인접 국가인 청과 명(明) · 일본, 오스만 제국과 사파비 제국, 오스트리아와 프로이센, 스페인과 잉글랜드의 관계를 다룹니다.

독자 여러분들께서도 당시와 오늘날의 세계 지도를 비교하면서 어느곳이 어떻게 바뀌었는지 이야기 나눠 보시길 바랍니다. '러시아'나 '프랑스'처럼 친숙한 이름으로 기재된 나라들도 있지만, 어느 나라에도 속하지 않은 지역이나 애매하게 그어져 있는 국경선을 눈치채실 수도 있습니다. 이처럼 오늘날과는 다스리는 영토나 그 크기가 다른 나라도 있습니다.

한편으로는 지금과 많이 다른 나라별 정치 · 사회구조에도 주목해주시길 바랍니다. 세계의 전체적인 상황을 고려하고 당시 각 나라의 동향을 파악하는 것이야말로, '글로벌 히스토리'를 통해 세계사를 이해하는 방법입니다.

- 이 도서의 원서는 일본 문부과학성이 발표한 '2008 개정 학습지도요령'의 이념, '살아가는 힘'을 기반으로 편집되었습니다. 다만 시대상을 반영하려는 저자의 의도적 표현을 제외하고, 역사적 토론이 필요한 표현은 대한민국 국내의 정서를 고려해 완곡하게 수정했습니다.

- 인명·지명·사건명 등의 명칭은 대한민국 초·중·고등학교 교과서를 바탕으로 삼되, 여러 도서·학술정보를 참고해 상대적으로 친숙한 표현으로 표기했습니다.

- 대체로 사실로 인정되는 역사를 기반으로 구성했습니다. 다만 정확한 기록이 남지 않은 등장인물의 경우, 만화라는 장르를 고려해 쉽고 재미있게 읽을 수 있도록 대화·배경·의복 등을 임의로 각색했습니다. 또 역사의 흐름을 이해하는 데 도움이 되도록 만화에 가공인물을 등장시켰습니다. 이러한 가공인물에는 별도로 각주를 달아 표기했습니다.

- 연도는 서기로 표기했습니다. 사건의 발생 연도나 인물의 생몰년이 불분명한 경우에는 일반적으로 통용되는 시점을 채택했습니다. 또 인물의 나이는 앞서 통용된 시점을 기준으로 만 나이로 기재했습니다.

- 인물의 나이는 맞춤법에 어긋나더라도 '프리드리히 1세'처럼 이름이 같은 군주의 순서 표기와 헷갈리지 않도록 '숫자 + 살'로 표기했습니다. 예컨대 '스무 살, 40세'는 '20살, 40살'로 표기했습니다.

1600년경의 세계

하네다 마사시 교수님

이 무렵은 유라시아 대륙에 강대국들이 난립하던 시기입니다. 아메리카 대륙·일본에서 채굴된 대량의 은이 전 세계에 유통되며 각지의 경제와 사회구조를 바꾸기 시작했습니다.

'도쿠가와 이에야스'의 쇼군 취임(1603년) D

도쿠가와 이에야스가 세키가하라 전투에서 승리하고 쇼군으로 집권하면서 에도 시대(에도 막부)가 시작됨

버지니아 식민지 건설(1607년)

잉글랜드는 버지니아를 시작으로 아메리카 대륙의 식민지 건설에 박차를 가함

'야마다 나가마사'의 활약(1612년~1530년)

일본의 야마다 나가마사가 태국의 전신인 시암[1]으로 건너가 일본인 집성촌의 촌장부터 리골 총독을 역임함

※1 당시 아유타야 왕조

중남미에서 채굴된 은의 전 세계 유통(16~17세기)

중남미에서 채굴된 대량의 은이 유럽·마닐라 등으로 유통됨

② 스페인과 포르투갈, 잉글랜드 같은 나라들도 아메리카에 넓은 식민지를 가지고 있었군요.

① 이 무렵 유라시아 대륙에는 광활한 영토를 지배하는 제국들이 등장했습니다. 동쪽부터 '청(淸), 무굴 제국, 사파비 제국, 오스만 제국, 러시아, 오스트리아'와 같은 나라들이었죠.

④ 당시 일본의 인구수는 1500~1700만 명으로 추정되는데, 이는 세계에서 다섯 손가락 안에 드는 인구수였답니다.

③ 일본은 세키가하라 전투(동서 내전)가 끝나고 '도쿠가와 이에야스'가 에도 막부를 열었을 무렵이네요.[2]

※2 당시 우리나라는 조선 중기

위그노 전쟁의 발발
(1562년~1598년) **B**

「낭트 칙령」으로 종교의 자유가 인정되면서 전쟁이 일단락됨

'누르하치'의 등장
(1600년 전후) **C**

누르하치가 모든 여진족을 통일하고 후금(금)을 건국함

'펠리페 2세' vs '엘리자베스 1세'
(1558년~1598년)

스페인과 잉글랜드 사이의 갈등이 격화되면서 해전이 일어남

사파비 제국의 전성기
(1587년~1629년) **A**

'아바스 1세' 통치기에는 서로 출신이 다른 사람들이 모여 활약함

◀ 다음 페이지에서 자세한 설명을 확인하세요

많은 사람과 부가 모여드는

사파비 제국의 수도인 '이스파한'은 다양한 언어·종교를 가진 민족이 어우러져 사는 세계적인 대도시였다. 장엄한 모스크·광장 등 훌륭한 건축물이 세워지면서, 페르시아에는 '이스파한은 세계의 절반이다'라는 말까지 생겨났다.

축일의 학살

성 바르톨로메오

프랑스에서 칼뱅파인 위그노(개신교 신자)와 가톨릭 사이의 대립이 '위그노 전쟁'으로 격화되는 가운데, 1572년 파리에서 거행된 한 왕족의 결혼식에서 가톨릭 신자들이 위그노를 학살하는 사건이 발생했다. 이후 갈등의 골은 더욱 깊어졌다.

누르하치의 즉위

1616년 여진족을 통일한 누르하치가 후금(금)을 세우고, 여진족과 몽골·만주에 거주하는 유목민족의 왕에 해당하는 '칸(Khan)'의 자리에 올랐다. 후금은 이후 국호를 청(淸)으로 바꾸고, 명(明)의 뒤를 이어 중국 대륙을 통일했다.

세키가하라 전투

1600년 '이시다 미쓰나리'를 중심으로 집결한 서군과 '도쿠가와 이에야스'가 이끄는 동군이 세키가하라에서 맞붙었다. 도쿠가와 이에야스는 일본의 운명이 달린 이 내전에서 승리해 권력을 강화했고, 1603년에 이르러 '에도 막부'를 열었다.

세계를 한눈에!

8 파노라마 연표(1550년~1720년)

서 · 남 · 동남아시아	북 · 동아시아	일본	

오스만 제국
건국(1300년경)

조선
건국(1392)
👤 이성계
(1392~1398)

명(明)
건국(1368)
👤 주원장
(1368~1398)

아시카가 다카우지의
쇼군 취임(1338)

무로마치 시대

부흥(1413)
콘스탄티노폴리스 함락(1453)

👤 세종
(1418~1450)

오닌의 난(1467)

👤 쉴레이만 1세
(1520~1566)
제1차 빈 공방전
(1529)

무굴 제국
건국(1526)
👤 악바르
(1556~1605)

사파비 제국
건국(1501)
👤 이스마일 1세
(1501~1524)

포르투갈인의 종자도총(조총)
전패(1543)
프란치스코 하비에르의
그리스도교 포교(1549)

커피츌레이션
공식 인정(1569)
레판토 해전
(1571)

○ 인두세
(지즈야)
폐지
(1564)

아즈치모모야마 시대

혼노지의 변(1582)
도요토미 히데요시의
오다와라 정벌
(1590 / 호조 씨 격파)

👤 아바스 1세
(1587~1629)
○ 이스파한
천도(1598)

임진왜란(1592) · 정유재란(1597)

후금
건국(1616)
👤 누르하치(1616~1626)
👤 홍 타이지(1626~1643)

세키가하라 전투(1600)
도쿠가와 이에야스의
쇼군 취임(1603)
에도 막부의「금교령」시행(1612)

에도 시대

청(淸)
국호 개칭(1636)
→ 대청(大淸)

시마바라의 난(1637~1638)

정묘호란(1627)
· 병자호란(1637)

이자성의 난
(1636~1646)

멸망(1644)

네덜란드 상관(商館)
데지마 섬으로 이관
(1641 / 쇄국 정책)

👤 아우랑제브
(1658~1707)

👤 강희제
(1661~1722)
삼번의 난
(1673~1681)

네르친스크 조약(1689)

제2차 빈 공방전
(1683)

무굴 제국
쇠퇴

도쿠가와 요시무네의
교호 개혁 시행(1716)

멸망(1736)

서양 서적 한문 번역본
수입 제한(금서) 완화(1720)

연대	남·북아메리카	유럽				
1300		**비잔티움 제국**(동로마 제국)	**프랑스**	**신성로마 제국**(오스트리아)		
1400		↓ 멸망(1453) **잉글랜드**		**합스부르크 왕가** 집권(1438)	**스페인** 건국(1479)	**모스크바 대공국** 👤 이반 3세 (1462~1505)
1500		**튜더 왕가** 👤 헨리 8세 (1509~1547) ○ 잉글랜드 성공회 형성(1534)		👤 카를 5세 (1519~1556) 제1차 빈 공방전 (1529)		👤 이반 4세 (1533~1584)
1550		👤 엘리자베스 1세 (1558~1603) 칼레 해전(1588)	위그노 전쟁 (1562~1598) **부르봉 왕가** 👤 앙리 4세 (1589~1610) ○ 낭트 칙령 (1598)	아우크스부르크 화의(1555)	👤 펠리페 2세 (1556~1598) 네덜란드 독립전쟁 (1568~1648) 레판토 해전(1571) 이베리아 연합(1580) 칼레 해전 (1588)	**러시아 제국** 건국(1547) **네덜란드** 👤 빌럼 1세 판 오라녜 (1572~1584)
1600	필그림 파더스가 탑승한 메이플라워 호 플리머스 도착(1620) 네덜란드의 식민지 뉴암스테르담 영국령으로 전환 (1664 / '뉴욕'으로 개칭됨) 윌리엄 왕 전쟁 (1689~1697)	영국 동인도 회사 설립(1601) **스튜어트 왕가** 집권(1603) 30년 전쟁(1618~1648) 청교도 혁명 (1640~1660) 👤 루이 14세 (1643~1715) **베스트팔렌 조약**(1648 / 스위스·네덜란드 독립 승인) 제2차 빈 공방전 (1683)			**로마노프 왕가** 집권(1613) 네덜란드 동인도 회사 설립(1602) 네덜란드 서인도 회사 설립(1621) 청–러시아 국경 분쟁 (1652) 👤 표트르 1세 (1682~1725) **네르친스크 조약** (1689)
1700	앤 여왕 전쟁 (1702~1713) 스페인 왕위 계승 전쟁(1701~1714)		**프로이센** 건국(1701) 👤 프리드리히 빌헬름 1세 (1713~1740)			
1720	13개 식민지 건설 (1732) 조지 왕 전쟁 (1744~1748) 프렌치 인디언 전쟁 (1754~1763)	👤 마리아 테레지아(1740~1780) 👤 프리드리히 1세(1740~1786) 오스트리아 왕위 계승 전쟁(1740~1748) **아헨 조약**(1748) 7년 전쟁(1756~1763) 프랑스 혁명(1789)				👤 옐리자베타 페트로브나 (1741~1762) 7년 전쟁 (1756~1763)

변화하는 유라시아 제국들
(1550년 ~ 1720년)

〈자켓 및 표지〉 곤도 가쓰야(스튜디오 지브리)

글로벌한
관점으로
세계를
이해하자!

세계사 내비게이터
하네다 마사시 교수

일본판 도서를 감수한 도
쿄대학의 명예 교수. 세계
적인 역사학자로 유명함

〈일러스트〉 우에지 유호

쉴레이만 사장님, 무슨 일 있으신가요?

제길, 귀찮아 죽겠네!

사장실

영토가 넓어지면서 작은 나라나 다른 문화권에서 살던 사원들도 입사했는데…

쉴레이만 1세
오스만 홀딩스 사장
(1494~1566)

뭐!?

자네가 우리한테 맞춰야지!

우리 방식 무시하냐?

이걸 어떻게 정리해야 할 지…

나라나 종교마다 풍속이 다 다르니

※ 이슬람 왕조(이슬람교)의 율법

에라이, 모르겠다!

지금이랑 달라져서 별로야~

해 봤네. 그랬더니 …

'샤리아'※에 따르라고 지시 해보셨나요?

크아악

회사가 제대로 돌아가기만 하면 상관없어!

척

자네 그리고 자네도! 샤리아와 같은 방식이라고 인정해 주겠네.

그래도 돼요!?

자네들 마음대로 해!

자네 방식은 샤리아와 유사한 개념이니까!

그냥 그대로 살아!

척억

추 — 욱 —

사원 관리가 가장 힘든 일이라네…

자기 방식을 강요하지 않아서 좋다고 생각합니다.

사장님께서는 사원들 저마다의 풍속을 인정해 주셨군요.

아버님의 꿈을 이어받아 독보적인 가톨릭 회사로 만들겠어!

펠리페 2세
스페인 무적해운 사장
(1527~1598)

그럼, 다른 회사로 가볼까요?

스페인 무적해운
주식회사

… 상당히 독선적이시군요.

내 밑에 다른 종교 신자들을 무릎 꿇려 가톨릭 맹주로서 위엄을 드러내겠어!

땅이 넓어서 순방하기도 힘들고 다른 일도 많아서 전부 서류 작업으로 때우고 있기는 하지만 말이지.

그러시면 바로 반란 들어갑니다.

? 싫은데요.

뭣이!?

그러니 모든 사원을 가톨릭으로 개종시키겠다.

네덜란드 사원들

훗, 나 역시 독실한 가톨릭 신자이지…

사장님! 자금이 바닥났습니다!

흐엉, 말도 안돼!

쾅一

그렇다면 철저히 밟아주마! 돈은 얼마가 들어도 좋다! 여봐라, 반대 세력을 탄압하라!

흥

부들부들

돈 좀 꿔주게.

척

네?

성실하기는 했지만, 경제 운용은 젬병이었던 거죠.

잔빛 치라니!

두 번이나 파산하게 됩니다.

… 스페인은 펠리페 2세 통치기에 잦은 전쟁으로 인해

정신 똑바로 차려야 겠어.

만주족 사원보다 한족 사원이 훨씬 많으니 다스리기 여간 힘든 게 아니야.

강희제
대청상회 사장
(1654~1722)

소수 정예 전략 대청상회

대청상회
주식회사

그때보다 영토가 더욱 넓어 졌으니 철저히 해야 해.

대략적인 틀이야 작은 할아버지이신 도르곤 님이 만드셨지만,

그러고 보니 사장님은 소수인 만주족으로 다수인 한족을 다스리셨죠.

자네가 만들어서 그런가, 훌륭하구만.

이보게, 요새 생활은 어떤가?

사원들의 삶을 살피고 위로한다...

그야말로 중국의 이상적인 군주상이 아니신가요?

두근...

사장님 완전 멋져...

!!?

모두 다 같이 변발을 하는 거다!

자,

꽉

하지만 나는 사원들이 아버지께서 지시하신 '그 명령'을 따라 주었으면 한다.

엥?

지금 우리 회사에 필요한 건 바로 교육입니다.

모든 민족이 초등학교에 다닐 수 있도록 개혁하겠습니다.

마리아 테레지아
합스부르크 콘체른 사장
(1717~1780)

아이가 보여!

합스부르크 콘체른

훗

프리드리히 2세
프로이센 컴퍼니 사장

라이벌 프로이센 컴퍼니에 영토를 빼앗겼습니다!

이대로라면 회사가…

사장님!

콰콰

회사가 부강해질 거라 생각하셨군요…

사장님께서는 사원들을 가르치면

어제의 적은 오늘의 동지라는 말도 있지 않습니까.

괜찮을까요?

리더는 감정에 휘둘리면 안 되죠.

쳇… 그렇게 나온다면 프랑스와 손을 잡고 반격하는 수밖에 없습니다!

마음에 안 드는 건 프랑스도 마찬가지지만…

좌착

사장

그래서 오스트리아에서는 '국모'라고 불린답니다.

무엇이 회사를 위한 일인지 생각하고 행동했던 분이시죠.

마리아 테레지아는 오랜 숙적인 프랑스와 동맹을 맺었습니다.

...
이 시대는 각 통치자들이 다양한 백성을 어떻게 다스릴지 고민하던 시기였습니다.

휴우

후다닥

우리 막내딸의 선생님이 되어 주지 않겠습니까?

그대는 교육자라더군요?

제가 좀 바빠서 이만!

마리 앙투아네트

자, 그럼 지금부터 진짜 역사를 알아볼까요?

성공한 나라도 있고, 그렇지 못한 나라도 있습니다.

회사에 비유해 설명했습니다만,

1453년

10만 명의
오스만 제국군이
비잔티움 제국
(동로마 제국)의 수도
콘스탄티노폴리스를
에워쌌다.

폐하, 이제 수도 콘스탄티노폴리스만 함락하면 비잔티움 제국을 손에 넣는 것도 시간문제입니다.

… 짐은,

이 세상의 중심이 될 것이다.

예?

메흐메트 2세
오스만 제국 제7대 술탄

오랜 세월 세계의 중심은 이곳 유럽 대륙의 로마 제국이었다.

비잔티움 제국은 바로 그 로마 제국을 계승한 나라,

꽈악

짐은 위대한 로마 제국의 후계자가 되어

그러니 콘스탄티노폴리스를 손에 넣으면

【시파히】

무적의 '시파히'와 '예니체리'가 함께하고 있으니,

짐의 바람은 반드시 이루어질 것이다!

【예니체리】

세상의 중심이 되리라!

그것이 짐의 바람이다!

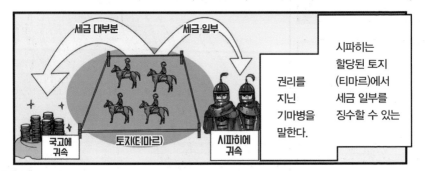

세금 대부분

세금 일부

국고에 귀속

토지(티마르)

시파히에 귀속

권리를 지닌 기마병을 말한다.

시파히는 할당된 토지(티마르)에서 세금 일부를 징수할 수 있는

※ 이러한 인재 양성 제도를 '데브쉬르메(Devshirme)'라고 부름

이 두 집단은 '황제의 노예(카프쿨루)'라 불렸다.

군인으로 훈련시킨 보병부대※를 말한다.

예니체리는 그리스도교 소년 신자를 무슬림으로 개종시켜

이들이야말로 오스만 제국 최강의 전사들 이었다.

무슨 수를 써서라도 반드시 저 도시를 차지하고 말 것이야!

하지만 폐하, 콘스탄티노폴리스는 난공불락의 도시입니다.

... 상관 없다.

씨익

비잔티움 제국

아나톨리아 반도 (소아시아) 북서부

아나톨리아 반도 (소아시아)

오스만 제국이 확장을 시작한 시기는 13세기 말로 거슬러 올라간다.

※ 'Ghazi'. 무슬림 전사를 말함

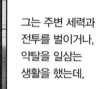

그는 주변 세력과 전투를 벌이거나, 약탈을 일삼는 생활을 했는데,

마침내 나라라고 부를 만한 넓은 영토를 지배하게 되었다.

가지※ 출신의 '오스만'이라는 자가 기마 부대를 이끌고 있었다.

오스만이 건국한 나라 (오스만 왕조)는 비잔티움 제국의 도시를 흡수하며 팽창하는 동시에,

사법체계와 행정체계를 정비해 국가의 기반을 다져나갔다.

...
아직 부족하다.

14세기경에는 아나톨리아 반도 북서부를 넘어 영토를 확장했다.

나는 이 나라를 더 크게 만들 것이다.

비잔티움 제국

이로써 오스만 왕조는 지중해 동부 일대를 장악하게 되었다.

비잔티움 제국

발칸 반도

발칸 반도까지 진출해 비잔티움 제국의 영토를 빼앗았으며,

이후 오스만의 후계자들은

파—

발사!

앙

【우르반 거포(공성포)】
헝가리의 기술자
'우르반'이 메흐메트 2세의
대포 제작 지시를 받고 만든
당대 최대 크기의 대포

그리고
제7대 술탄인
메흐메트 2세
대에 이르러…

포격
준비!

콰아앙

성벽이
뚫렸다!

진격
하라!

마침내
비잔티움 제국의
수도를
공격하기에
이르렀다.

그…
그것이…

그럼 군함을 출격시켜 바다에서도 압박을 가하라.

전하, 적의 저항이 거셉니다.

남쪽은 깎아지른 듯한 벼랑으로 인해 접근할 수 없었고,

북쪽은 금각 만 입구에 쇠사슬을 띄워 놓아 지나갈 수 없었다.

콘스탄티노폴리스는 남쪽의 마르마라해와 북쪽의 금각 만 사이에 지어진 도시로

배가 지나갈 수 없습니다!

배를 들어 올려라.

흠, 상대도 제법이군.

금각 만

콘스탄티노폴리스

못 들어가!!

게다가 서쪽은 견고한 테오도시우스 성벽이 가로막고 있었기에 오스만 왕조군은 고전을 면치 못했다.

진심
이십니까
!?

지나갈 수 없다면
배를 육지로
들어 올린 뒤,
다시 바다에 옮겨
띄우는 거다!

좌
아
아

콘스탄티노폴리스의
약점인 금각 만까지
끌어 옮긴 뒤,
다시 띄워 공격하는
것이다.

금각 만

콘스탄티노폴리스

메흐메트
2세의
작전은
다음과
같았다.

먼저
기름을 먹인
통나무 위에
배를 얹고

좋아,
이대로
밀어붙여라!

콰
아
앙

이렇게까지 하는
놈들이랑 도대체
어떻게 싸우란
말이야!?

어, 어떻게
여기까지
들어왔지!?

32

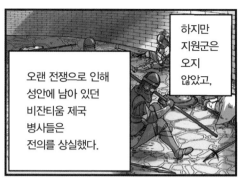

오랜 전쟁으로 인해 성안에 남아 있던 비잔티움 제국 병사들은 전의를 상실했다.

하지만 지원군은 오지 않았고,

크… 큰일이다!

헝가리와 신성로마 제국의 지원군은 아직인가!

콘스탄티노스 11세
비잔티움 제국 황제

오늘로 이 전쟁을 끝내겠다.

때가 왔다.

총공격 하라!

와아아아

33

그렇게 기나긴 역사를 자랑하던 비잔티움 제국이 무너졌다.

1453년 비잔티움 제국의 마지막 황제 '콘스탄티노스 11세'가 전사했다.

이곳 이스탄불을 수도로 삼고

모두가 꿈꿔 왔던 강대국을 만들겠다.

드디어 손에 넣었구나.

메흐메트 2세는 이스탄불[※1]을 수도로 삼고 부흥에 힘썼다.

※1 콘스탄티노폴리스는 이전부터 이스탄불이라고도 불렸으며,
지금의 튀르키예 공화국이 세워질 때까지 두 가지 명칭이 혼용됨

그렇게 시장이 세워지고 …

이스탄불은 동방 무역의 중심지니

카라반^{※2}이 이곳을 거쳐 가기만 해도 세금과 통행료가 저절로 들어온다.

숙소 안에 창고와 마구간이 있어서 정말 편리해.

길가에는 카라반을 위한 숙박시설인 '카라반사라이'가 세워졌다.

거부하는 이들은 강제로 연행했다.

빨리 움직여!

자네들 이스탄불로 이주하는 건 어떤가? 정말 안전한 곳이라네.

관리

개종하지 않아도 되는 데다, 세금까지 깎아준다고 하네.

유대인

그리스인

아르메니아인

상공업자

상인에 더해 장인들까지 불러모으면 어떨까?

또 전국에 흩어져 살던 상인과 장인을 이스탄불로 이주시켰는데,

억지로 개종시키면 사람들이 오지 않을 테니까.

그리스도교 신자라고 해도 억지로 개종시키지 않았다고 한다.

한편 무슬림을 위해 많은 모스크와 마드라사(학교)를 세웠으며,

이후 오스만 제국의 술탄들은 19세기까지

이 톱카프 궁전에 거주하며 정사를 돌보았다.

1459년에는 술탄의 거처인 톱카프 궁전*의 건축을 명령했다.

※ 1478년 완공. '톱카프'는 '대포의 문'이라는 뜻

풍경을 바꾸겠다!

이 도시가 이슬람 제국에 어울리는 곳이 되도록

이스탄불을 상징하는 풍경 중 하나로 자리매김했다.

이 당시 만들어진 미너렛(첨탑)은

그랜드 모스크로 탈바꿈하게 되었다.

이때 동방 정교회의 아야 소피아 대성당이

이러한 발전의 기틀은 메흐메트 2세가 마련했다고 할 수 있다.

15세기 중반 오스만 왕조는 '제국'이라 불릴 정도로 영토를 확장했으며, 이후로도 약 400년간 계속 몸집을 불려 나갔다.

에르진잔

콘스탄티노폴리스 (이스탄불)

오스만 제국의 동쪽에 위치한 에르진잔※에서 새로운 움직임이 포착되었다.

콘스탄티노 폴리스가 함락된 지 약 15년 뒤,

'이스마일' 님은 구세주 시다!

구세주!

※ 지금의 튀르키예 동부에 위치한 도시. 다양한 유목민족이 모여 살던 곳

이스마일은
주변 부족을
차례로 쓰러뜨리며
세력을 확대했다.

타브리즈

아크
코윤루의
수도,
타브리즈.

톡

다음은
샤의 자리를
노릴
차례로군.

...
교단도
어느 정도
커졌으니

...
좋아,
타브리즈를
친다.

이곳만
손에 넣으면
아제르바이잔※의
샤로
인정받을 수
있을 거야.

이 일대의
중심도시이자
페르시아와
지중해를
잇는 요충지!

※ 페르시아 서북쪽 캅카스 일대

주변 세력을 굴복시켜 마침내 페르시아를 중심으로 여러 지역을 손에 넣었다.

|||||||| 오스만 제국 영토

░░░░░ 사파비 제국 영토

이스마일은 순식간에 타브리즈를 함락하고,

두쿠 두쿠

1501년 이스마일은 이슬람 제국인 '사파비 제국'을 세우고 타브리즈를 수도로 정한 뒤,

스스로 샤한샤로 등극했다.

이제 나는 무적이다.

다음 목표는 오스만 제국이다!

이스마일 1세
사파비 제국 초대 샤한샤

이스탄불에 있는 놈들은 예니체리만 감싸고 돌기 바쁘지.

제기랄, 지금까지 이 나라를 지켜온 게 누군데!

우리 부족은 완전히 찬밥 취급 이라니까.

이스마일 1세는 오스만 제국의 아나톨리아 반도로 사파비 교단의 선교사를 파견해

오스만 제국에 불만을 품고 있던 유목민들을 선동했다.

!?

!

이스마일 님 이시라면 더 자유롭게 활약할 수 있는 기회를 주실 겁니다.

이윽고 유목민들은 오스만 제국을 상대로 반란을 일으켰다.

끄덕

이때
오스만 제국은
메흐메트 2세의
손자인
'셀림 1세'가
다스리고 있었다.

뭐?
사파비
제국
놈들이
…?

오스만
제국

사파비
제국

1512년
사파비 제국군도
반란을 틈타
세력 확대를 노리고
아나톨리아 반도로
진격해왔다.

이대로
내버려
두면

이스마일
놈이
점점 기어
오르겠어.

이쯤에서
콧대를
납작하게
눌러줘야
겠군.

'냉혈한
(Yavuz)'
이라고도
불렸다.

그는
술탄이
되기 위해
두 형제를
죽이고

아버지인
'바예지드
2세'를
유폐했기
때문에

셀림 1세는 대군을 이끌고 아나톨리아 반도로 진격해

1514년 여름, 찰디란 평원에서 사파비 제국군과 마주했다.

찰디란 전투(1514)

제왕의 싸움인 걸 잊었는가!

창피한 줄 아시오!

게다가 저들은 총을 가지고 있어 위험합니다!

사파비 제국군 진영

폐하, 오스만 제국군은 아군의 수십 배인 5~6만 정도라 합니다!

뭣이!

그러니 야습을 하는 것이 …

그렇지만 오랜 행군으로 피곤할 거요.

어찌 그런 치졸한 방책을! 폐하의 명성에 누를 끼칠 셈이오!

허나…

그만 하라.

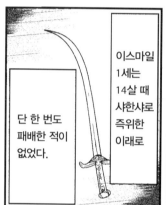

이스마일 1세는 14살 때 샤한샤로 즉위한 이래로

단 한 번도 패배한 적이 없었다.

제왕의 싸움이라, 듣기 좋은 말이구나. 좋다.

내일 아침, 그 말에 걸맞게 정정당당히 싸우자.

다음 날 아침

분부 대로!

나의 충성스런 병사들이여. 적들의 공격을 막아라!

왔구나, 이스마일.

불신자 놈들을 처단하라!

알라 시여!

돌격 하라!

이들의 돌격에 대항할 수 있는 군대는 어디에도 없었다.

사파비 제국군은 '키질바시(붉은 머리)'라 불리는 유목민 기병을 중심으로 구성되었는데,

창이 닿지 않다니 …!

두둥

그런 사파비 제국군을 오스만 제국군의 낙타와 수레, 대포가 가로막았다.

감히 우릴 얕잡아 보다니 배짱도 좋군, 그래.

지금이다. 놈들의 발이 묶였으니

총알 세례를 먹여줘라.

오스만 제국의 대군은 기세가 꺾인 사파비 제국군을 격파했다.

활발했던 사파비 제국의 영토 확장도 여기서 잠시 멈추게 되었다.

제길 … 두고 보자!

이 전투에서 이스마일 1세는 동쪽으로 도주했고,

이 전투는

무적으로 여겨지던 기마병의 위엄이

총을 든 보병 앞에 무너진 대표적인 순간으로 기록되었다.

이 무렵 일본의 '오다 노부나가' 역시

총과 목책을 이용해 '다케다 신겐'의 기마병을 물리쳤다.

그러나 엄밀히는 찰디란 전투보다 50년 이상 뒤처진 전략이었다.

나가시노 전투
(1575)

이후로 전쟁의 중심 병과는 기마병에서 총병으로 이동하기 시작했다.

즉 찰디란 전투로 전쟁의 판도가 180도 뒤바뀌게 된 것이다.

셀림 1세는 맘루크 왕조로 방향을 틀어 이집트로 향했다.

사파비 제국도 정리했겠다, 이제 슬슬 영토를 넓혀볼까?

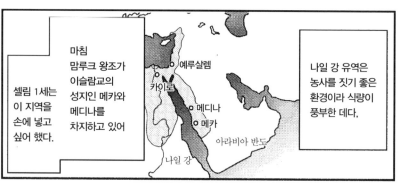

셀림 1세는 이 지역을 손에 넣고 싶어 했다.

마침 맘루크 왕조가 이슬람교의 성지인 메카와 메디나를 차지하고 있어

예루살렘

카이로

메디나

메카

아라비아 반도

나일 강

나일 강 유역은 농사를 짓기 좋은 환경이라 식량이 풍부한 데다,

1517년 맘루크 왕조는 셀림 1세에게 수도인 카이로를 함락당하면서 무너져 내렸다.

셀림 1세는 메카와 메디나를 손에 넣음으로써 이슬람교의 패자로 인정받게 되었다.

이로써 짐은 '두 성지의 통치자'가 되었도다!

1520년 2월 수도 이스탄불의 술탄 즉위식

셀림 1세의 뒤를 이어 한 술탄이 등장하며 전성기를 맞이했다.

셀림 1세의 재위 기간동안 영토를 크게 확장한 오스만 제국은

짐은 이 나라를 더욱 부강하게 만들 것이다!

그 술탄은 바로 셀림 1세의 외아들, '쉴레이만 1세'* 였다.

쉴레이만 1세

※ 수많은 업적을 남겨 '쉴레이만 대제'라고 불림

새로운 군주를 얕잡아 보는 무리들이 있기 마련입니다.

폐하, 즉위 초에는

…

걱정입니다…

과연 이 나라를 믿고 맡길 수 있겠소…?

새로운 술탄이라…

그렇군.

제일 좋은 방법은 실력을 보여주는 것이지요.

어찌해야 저자들이 입을 다물겠나?

술탄의 총애를 받은 인물이었다.

쉴레이만 1세의 노예로 헌상되었으나

그대만 믿겠소, '이브라힘'.

'이브라힘 파샤'는 베네치아령 파르가※ 출신 어부의 아들로

황송하옵니다.

※ 지금의 그리스 북서부 지역

이브라힘처럼 술탄의 말 한마디에 권력을 얻는 정치가들이 등장한 것이다.

술탄의 힘이 막강해지면서

훗날 그는 대재상의 자리에까지 올랐다.

베오그라드

이스탄불

가자, 가자!

로도스 섬

뒤이어 지중해에 위치한 로도스 섬을 점령했다.

이브라힘의 조언을 들은 쉴레이만 1세는 우선 발칸 반도에 군사를 보내 베오그라드를 점령하고,

신성로마 제국

헝가리

오스만 제국

이스탄불

로도스 섬

쉴레이만 1세는 여기서 그치지 않고 유럽으로 진출했다.

짐의 인기가 식을 줄을 모르는군.

훗.

과연 믿을 만한 분이야!

굉장하군!

그렇게 1526년 헝가리 남부에서 벌어진 '모하치 전투'에서

헝가리의 국왕 '러요시 2세'가 전사하면서 쉴레이만 1세는 헝가리를 손에 넣을 수 있었다.

헝가리같이 중요한 지역을 빼앗길 수야 없지.

이 참에 따끔한 맛을 보여주마.

크, 큰일 났습니다, 폐하!

신성로마 제국이 헝가리 땅을 노리고 있다고 합니다!

하지만 이 일로 인해 유럽의 강대국들과 마찰이 생겼다.

!

쉴레이만 1세는

신성로마 제국

빈

오스만 제국

1529년

두

12만 대군을 이끌고 출격해

신성로마 제국의 중심 도시인 빈을 포위했다. (제1차 빈 공방전)

둥

※ 당시 빈은 신성로마 제국의 영주 중 한 명인 오스트리아 대공이 지배함

와아아아

그러나 빈의 저항이 격렬한 데다,

독일 각지에서 원군을 모아 오겠다!

페르디난트 1세 오스트리아 대공※

그때까지만 버텨라!

가자!

제군들이여! 지원군이 올 때까지 빈을 사수하라!

53

으으, 이런 추위 속에서는 절대 못 싸워.

계절이 겨울로 접어든 탓에 오스만 제국군은 퇴각할 수밖에 없었다.

유럽의 심장부를 이교도들에게 빼앗길 뻔 하다니 …

그럼에도 이 사건은 로마 가톨릭 사회에 커다란 충격을 안겨주었다.

카를 5세
신성로마 황제

동쪽으로 가서 사파비 제국의 바그다드를 빼앗았느니라!

오스만 제국

사파비 제국

바그다드

비록 빈 침공은 실패했지만, 오스만 제국은 계속 영토를 확장해 갔다.

최아악

쉴레이만 1세는 함대를 파견했다.

신성로마 제국
베네치아
프레베자
지중해

또 당시 지중해를 왕래하던 오스만 제국 선박이 그리스도교 해적에게 빈번하게 약탈당하자

1538년 쉴레이만 1세가 파견한 함대는 '프레베자 해전'에서 스페인과 베네치아, 로마 교황 연합군인

신성 동맹을 물리쳤다.

큰일이다! 이대로면 지중해 전역이 이교도의 손에 넘어가고 만다…

그리스도교 국가들이 힘을 합쳐야 할 때다!

휴우

이제 안심하고 이집트에서 금화를 나를 수 있겠어!

이로써 오스만 제국은 지중해에서 주도권을 잡는 데 성공했다.

양쪽에서 신성로마 제국을 압박했다.

우리 둘은 카를 5세랑 안 친해!

이어서 쉴레이만 1세는 프랑스의 '프랑수와 1세'와 동맹을 맺는 데 성공하며

신성로마 제국

프랑스

오스만 제국

하지만 …

나라 바깥은 대강 정리 되었군 …

영토를 넓힌 건 좋은데, 풍속이나 사고방식이 너무 다르단 말이야.

헝가리

우린 우리만의 방식이 있거든?

한편 영토를 확장하면서 다민족 국가가 된 오스만 제국은 국내 상황을 안정시키기 위해 애를 써야 했다.

누가 할 소리!

그리스

나도 그렇 거든?

이집트

울라마[1] 에부수드,

그대의 생각을 말해보라.

신에게 좋은 생각이 있사옵니다.

스윽

에부수드 에펜디

저들이 납득하고 따를 수 있도록 제대로 된 법률을 제정해야겠지.

※1 이슬람교의 지식인을 말함

그리 되면 모든 무슬림이 '제국의 통치는 알라의 뜻'이라 생각하고

충성을 바칠 것입니다.

흠.

통치의 기준으로 삼으시지요.

우선 모든 법률을 정리한 법령집을 만들고

이 법령집은 샤리아[2]와 일치하는 것으로,

이는 저를 비롯한 울라마들이 보장할 것입니다.

※2 이슬람교의 율법. 이슬람교의 성전인 「코란」과 무함마드의 예언집 「하디스」 등을 근거로 만든 법

문서화한
『쉴레이만
법전』이
완성되었다.

이로써 제국의
관료제와
지방 정치체제
등을

쉴레이만 1세는
'입법자(Kanuni)'
라고 불리며
칭송받았다.

이후 다른
이슬람
국가들도
표본으로
삼으면서

이때
쉴레이만
1세가
정리한
법전을

오랜만이네.
부임지였던
이집트는 어땠나?

휴, 무척
더웠지.

어이!

이 법전은
오스만 제국
전역에
적용되었다.

이스탄불

오스만 제국의 법을 어떻게 따르게 한다는 거야?

이집트에도 나름의 법이나 통치체제가 있었을 텐데.

제국으로 새로 편입된 지역의 법률도 정비해야 하고 말이야…

거 참, 관리들도 힘들겠어.

그들의 법률이나 통치체제를 인정해주면 되지.

허, 그냥…

라고 하셨으니까….

'이집트의 법률도 샤리아와 같다'

울라마 분들도…

엥? 하지만 『쉴레이만 법전』에서는…

이봐, 억지로 강요하면 오히려 역효과만 날 뿐이네.

허, 그렇게 대충 넘어가도 되는 거야!?

결국 이집트의 법률도 『쉴레이만 법전』의 일부인 게지.

우리 오스만 제국의 장점이니까 말이지.

괜찮아, 일일이 까다롭게 굴면서 강요하지 않는 것이

타종교 신자를 포함해 약 40만 명의 사람들이 모여 살았다.

당시 이스탄불에는 식량을 공급하고 치안을 유지하는 제도가 도입되면서

종교의 자유를 보장해주고 있잖아.

그리스도교나 유대교를 믿는 사람들에게도

오.

이교도들이 저걸 보면 무슨 생각을 할까?

물론 무슬림보다 세금[1]을 조금 더 내기는 하지만 말일세.

※1 비무슬림에게는 '지즈야(인두세)'라는 세금이 부과됨

건축가 '미마르 시난'의 대표작, '쉴레이마니예 모스크'…

오랜만에 보네.

오늘날처럼 커피를 내려 마시는 풍속은

아참, 바자르※2에서 커피나 한 잔 하지.

좋아.

※2 'Bazzar'. 일종의 전통시장

16세기 중반 무렵에는 이스탄불에도 커피하우스가 즐비했다.

15세기경 예맨 지역에서 비롯된 뒤로 순식간에 오스만 제국까지 퍼졌다.

자신의 아들을 다음 술탄의 자리에 앉히기 위해 정치에 간섭하면서

쉴레이만 1세의 애첩이

쉴레이만 1세의 말년은 불행했다.

쉴레이만 1세의 네 아들이 술탄의 자리를 두고 다투기 시작한 것이다.

외부에 알리지 말고 이대로 진격하라!

술탄의 죽음이 알려지면 적들의 사기만 높아질 뿐이다.

그러던 1566년 헝가리로 원정을 떠난 쉴레이만 1세가 갑자기 세상을 떠났다.

쉴레이만 1세 말년에 대재상으로 임명된 '소콜루 메흐메트 파샤'의 지휘 아래 오스만 제국의 헝가리 원정은 성공리에 끝났다.

그는 이후에도 대재상으로서 제국의 안정에 힘썼다.

대재상

관료

술탄

이 무렵부터
권력의 중심이
대재상을 필두로
정치가 · 관료에게
옮겨갔다.

시파히의
입지가
점차
좁아졌다.

군사적으로는
총을 가진
보병들이
중심이 되면서

결국
티마르
제도가
폐지되고

이처럼
오스만 제국은
쉴레이만 1세의
죽음 전후로
빠르게 변화해갔다.

세금을
거두어
들이기
시작했다.

지방에서는
국가로부터
토지의 징세권을
구입한 부유한
군인 · 상인이

이스마일 1세 사후, 오랜 기간 혼란이 지속되었다.

샤한샤

내가 도울 것이오!

아니오, 나요!

폐하를 도울 수 있는 건 나뿐이오!

이 즈음 이스마일 1세가 건국한 사파비 제국에서는…

바그다드

사파비 제국

※1 수많은 업적을 남겨 '아바스 대제'라고 불림

그러다 1587년 제5대 샤한샤로 즉위한 '아바스 1세'[1]가 나라의 혼란을 잠재웠다.

키질바시는 더 이상 쓸모가 없지.

흠, 샤한샤에게 충성을 바치지 않고 명령을 듣지 않는다면

오스만 제국에 빼앗긴 바그다드를 탈환할 기회다!

이윽고 아바스 1세가 이끄는 사파비 제국군은 바그다드를 탈환했다.

그는 키질바시를 대신할 샤한샤 직속 보병 부대인

'굴람'[2]을 만들었다.

오스만 제국의 예니체리와 비슷하다고 할 수 있지.

※2 'Ghulam', 이슬람교로 개종한 조지아인, 아르메니아인으로 구성된 부대로 '왕의 노예'라는 뜻, 관료로 발탁되기도 함

시리아 등 각지에 흩어져 있던 시아파 지식인들을 사파비 제국으로 초빙했다.

이러한 가르침을 누구나 쉽게 이해하고 받아들일 수 있도록

시아파 학자들

이 무렵 사파비 제국은 기존의 독특한 교리를 버리고

주류 시아파인 '열두 이맘파'의 가르침을 따랐는데,

사파비 제국은 시아파가 중심이 되었다

이스탄불

수니파

오스만 제국

시아파

사파비 제국

바그다드

이스파한

그렇게 수니파인 오스만 제국과는 다르게,

와!

아들아, 조금만 더 가면 장사할 도시가 보일 거다.

사 박

우와, 도대체 몇 명이 살고 있는 걸까요?

아버지, 저곳 이에요...?

그래. 아바스 1세께서 만드신 새로운 수도, '이스파한' 이란다.

※ 당시 이보다 큰 규모의 도시는 손에 꼽힘. '연경(베이징), 런던, 이스탄불' 정도

와, 세계의 절반 이라니!

그럼 다른 나라를 전부 합쳐야 이스파한과 같아진다는 뜻이네요?

그렇단다 아들아. '이스파한은 세계의 절반'이라는 말이 생겨날 정도니까 말이야.

50만 명※ 정도 될 거다.

50만 명! 그렇게나 많아요?

이곳은 우리같은 외지 사람들도 환영해 준단다.

그렇게 페르시아어 외에도 다양한 언어가 사용되었고,

다양한 민족이 모여 살게 되었다.

다행이네요.

오랜만에 아들이랑 공중목욕탕이나 가 볼까?

예!

이슬람교를 믿지 않는 비무슬림들도 정해진 구역 내에서 생활할 수 있었다.

이스파한에는 상인과 대금업자가 몰려들었고

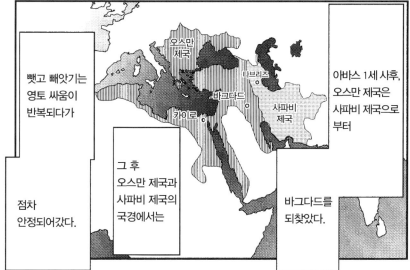

뺏고 빼앗기는 영토 싸움이 반복되다가

점차 안정되어갔다.

그 후 오스만 제국과 사파비 제국의 국경에서는

아바스 1세 사후, 오스만 제국은 사파비 제국으로 부터

바그다드를 되찾았다.

오스만 제국

타브리즈

바그다드

사파비 제국

카이로

같은 시기 인도에서도 이슬람 제국이 탄생했다.

델리

서아시아에서 오스만 제국이나 사파비 제국 등의 이슬람 제국이 번성하던 16세기 무렵,

중앙아시아에서 세력을 떨쳤던 티무르※의 자손, '바부르'는

1519년 인더스 강을 건너 북인도에 도착했다.

바부르

더러운 물에다 입에 안 맞는 음식이라니...

에헤이, 이런 곳은 난생 처음이군!

꾸욱

젠장...

찰박

찰박

※ 티무르 제국의 시조. 이슬람교 수니파

에휴, 맞아.

다시 시작할 장소로 인도를 선택하신 것 아닙니까?

그래도 중앙아시아에는 강한 적들이 즐비하니

나 참, 이 북인도에서 목숨 걸고 새 출발하는 수밖에 없겠지?

1526년 바부르는 파니파트 전투에서

같은 해 델리를 수도로 하는 '무굴 제국'을 건국했다.

북인도의 로디 왕조를 무너뜨리고

※1 수많은 업적을 남겨 '악바르 대제'라고도 부름
※2 무굴 제국의 '황제' 칭호

음, 이곳의 원주민인 힌두교 신자 또한 우리 제국의 소중한 백성이다.

그는 강력한 군사력과 관료제를 갖추고 북인도 대부분을 다스렸다.

악바르
제3대 바드샤[2]

그의 손자인 악바르[1] 치세에 전성기를 맞이했다.

바부르 사후, 무굴 제국은

허허, 서로 싸우지 말고 사이좋게 지내게.

힌두교 신자

무슬림

무슬림과 힌두교 신자의 융화에 힘썼다.

그는 비무슬림에게 부과하던 세금 (지즈야)을 폐지하는 등

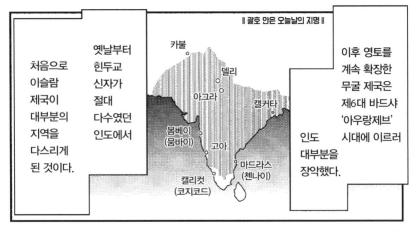

‖ 괄호 안은 오늘날의 지명 ‖

카불

델리

아그라

캘커타

봄베이 (뭄바이)

고아

캘리컷 (코지코드)

마드라스 (첸나이)

처음으로 이슬람 제국이 대부분의 지역을 다스리게 된 것이다.

옛날부터 힌두교 신자가 절대 다수였던 인도에서

이후 영토를 계속 확장한 무굴 제국은 제6대 바드샤 '아우랑제브' 시대에 이르러

인도 대부분을 장악했다.

오오, 훌륭 하구나.

한편 무굴 제국의 바드샤들은 대대로 왕궁으로 화가를 불러 많은 회화 작품을 그리게 했는데,

'필사본의 삽화 (채식 필사본)'※3 와 같은 훌륭한 작품이 탄생 하기도 했다.

페르시아 미술과 남아시아의 기법이 합쳐지면서 회화 기술이 발전을 거듭해

※3 손으로 옮겨적은 책으로 금박 등으로 장식한 삽화가 들어감.
그리스도교 관련 도서에도 사용된 기법이나, 여기서는 이슬람교 관련 도서를 가리킴

【시크교】

· 힌두교와 이슬람교가 융합된 새로운 종교
· 카스트와 고행을 부정함

【우르두어】

· 토착어(칼리볼리)에 아랍어와 페르시아어가 합쳐진 언어
· 현재 파키스탄의 공용어

감사합니다
شكريه

이 무렵의 인도는 토착 문화와 이슬람 문화가 융합하며

새로운 문화가 꽃피던 시기였다.

【타지마할】

· 제5대 바드샤 '샤자한'이 부인을 위해 만든 묘당(墓堂)
· 인도-이슬람의 대표적인 건축물

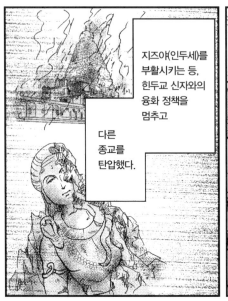

지즈야(인두세)를 부활시키는 등, 힌두교 신자와의 융화 정책을 멈추고

다른 종교를 탄압했다.

전통적인 이슬람교 방식으로 되돌리겠다!

하지만 제6대 바드샤인 아우랑제브는 엄격한 수니파 신자였기 때문에

이 시기를 기점으로 무굴 제국은 쇠퇴의 길로 접어들게 되었다.

그 결과 각지에서 반란이 일어났다.

다른 이슬람 제국에도 서서히 변화가 찾아왔다.

오스만 제국은
유럽 및 주변국들과
긴장 관계를 유지하면서

신성로마
제국

오스만
제국

겨우
그
명맥만
유지했다.

1723년
사파비 제국은
아프간인에게
정복당하면서
사실상 멸망했고,

하지만 양국 모두
다민족 · 다종교를
서서히 융화시키며

발전된 도시를
중심으로 오랜 세월
비교적 안정된 사회를
유지해갔다.

사람을 용서할 수 있는 건, 오로지 주님뿐이오!

16세기 초 독일에서 시작된 종교개혁으로 인해

유럽에 절대적인 영향력을 행사하던 그리스도교에 새로운 종파가 확립되었다.

'가톨릭'과 완전히 다른 '개신교'가 탄생한 것이다.

점차 각 종파는 각지의 영주·세력과 결탁하면서 서로 대립하기 시작했다.

종교개혁은 열정적인 신앙심에서 비롯된 사건이지만,

이웃 영지에서 같은 종파의 개신교 신자들이 싸우고 있다고 한다!

자, 어서 도와주러 가자!

부패한 가톨릭 성직자를 용서하지 말라!

옳소! 교황청에 따를 이유가 없다!

성경 본연의 가르침으로 돌아가자!

결국 유럽에는 국가 간의 교류 방법과 새로운 규범, 즉 '국제 질서'가 필요하게 되었다.

이로써 유럽은 정치뿐만 아니라 종교적으로도 통일되지 못했다.

모두 가톨릭으로 개종시키고자 했다.

합스부르크 왕가※ 출신인 카를 5세는 상속받은 광활한 영지의 백성들을

█████ 카를 5세의 영지

이런 와중에

과거 카롤루스 대제가 이룩했던

단일 가톨릭 제국을 재건하려는 이도 있었다.

유럽에 황제의 권위와 가톨릭을 따르는 대제국을 세우자.

카를 5세
신성로마 제국 황제

※ 서유럽의 유력 귀족 가문. 15세기 후반 이후 신성로마 제국 황제 자리를 독점하는 등 유럽의 국제관계에 커다란 영향을 미침

개신교

가톨릭

독일에서는 두 종파 사이의 갈등이 격화되었다.

개신교의 종교개혁이 폭넓은 지지를 받으면서

그러나 가톨릭과 로마 교황의 권위를 인정하지 않는

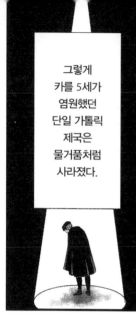

그렇게 카를 5세가 염원했던 단일 가톨릭 제국은 물거품처럼 사라졌다.

우리는 가톨릭

우리는 루터파

이제 가톨릭과 루터파(개신교) 중 하나를 선택할 수 있어!

그러던 1555년 오랜 대립의 봉합을 위해 '아우크스부르크' 화의가 체결되면서

신성로마 제국의 제후들은 자신들의 영지 내에서 원하는 종교를 선택할 수 있게 되었다.

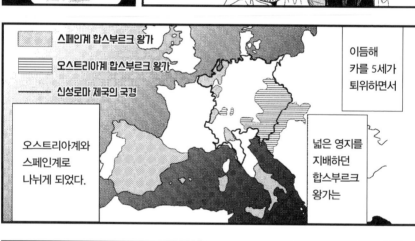

	스페인계 합스부르크 왕가
	오스트리아계 합스부르크 왕가
——	신성로마 제국의 국경

이듬해 카를 5세가 퇴위하면서

오스트리아계와 스페인계로 나뉘게 되었다.

넓은 영지를 지배하던 합스부르크 왕가는

페르디난트 1세

'페르디난트 1세'가 물려받았고,

신성로마 제국 황제의 지위는 카를 5세의 동생으로 오스트리아계로 분류되는

스페인은 그의 재위 시절에 황금기를 맞이했다.

이어 받았다.

펠리페 2세
스페인 국왕

카를 5세가 다스리던 스페인과 그 식민지, 이탈리아 일부 지역, 네덜란드 등은 스페인계로 분류되는 아들 '펠리페 2세'가

1556년 스페인

12살 때부터 아버지를 대신해 섭정한 끝에 물려받은 나라인데…

제일 먼저 하는 일이 파산 선고*가 될 줄이야…

펠리페 2세는 아버지로부터 광활한 영토를 물려받았지만, 즉위하자마자 난관에 봉착했다.

이런 …

결국 펠리페 2세는 즉위 이듬해 파산을 선언했다.

카를 5세 때부터 이어진 전쟁으로 인해 국가 재정은 빚에 허덕였고,

※ 당시 파산은 은행 빚을 오랜 세월에 걸쳐 조금씩 변제하는 형태

※ 이탈리아의 지배권을 두고 프랑스와
   신성로마 제국 사이에 벌어졌던 전쟁(1494~1559)

60년 이상
지속되던
이탈리아
전쟁※을
종결시켰다.

이제 전쟁으로
돈 나갈
걱정은 덜었군
…

앙리 2세
프랑스 국왕

이어
1559년
프랑스와
'카토-
캉브레지
조약'을
맺으면서

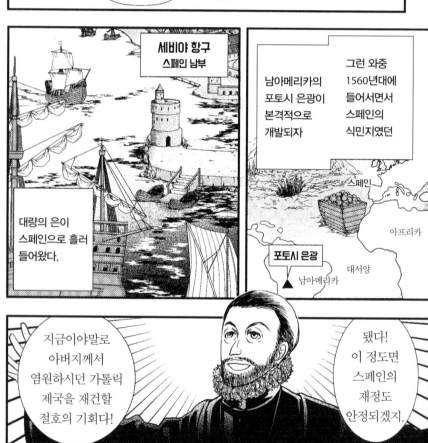

세비야 항구
스페인 남부

대량의 은이
스페인으로 흘러
들어왔다.

남아메리카의
포토시 은광이
본격적으로
개발되자

그런 와중
1560년대에
들어서면서
스페인의
식민지였던

스페인

아프리카

포토시 은광
▲ 남아메리카

대서양

지금이야말로
아버지께서
염원하시던 가톨릭
제국을 재건할
절호의 기회다!

됐다!
이 정도면
스페인의
재정도
안정되겠지.

이들은
그리스 서안에서
벌어진
'레판토 해전'에서
오스만 제국을
격파했고,

이로써
프레베자 해전 이후
오스만 제국에
빼앗겼던 지중해의
패권을 되찾아올
수 있었다.

1571년
펠리페 2세는
로마 교황,
베네치아 공화국과
손을 잡았다.
(신성 동맹)

베네치아
공화국

교황령

같은 편 하죠.

좋네.

우리
스페인이야말로
가톨릭의
맹주라 불리기에
손색없을
것입니다.

전하,
우리 함대의
활약으로
이교도에게
승리했으니,

이후로
스페인 함대는
'무적함대'라
불리게 되었다.

내 나라에서
개신교를
인정하는 일은
결코
없을 거다!

나는 줄곧
가톨릭만
인정한다고
이야기하지
않았나!

빨떡

큭.

하지만
국내의 개신교
신자들을
고려하면
…

스페인에서 북동쪽으로 멀리 떨어진 네덜란드에서 큰 반향을 일으켰다.

펠리페 2세의 강경한 태도는

스페인

네덜란드

독실한 가톨릭 신자였던 펠리페 2세는 즉위 후 무자비하게 개신교를 탄압하며 영지 내의 종교를 관리했다.

화형

금서목록

가톨릭 신앙에 반하는 서적은 발행 금지!

금서목록 작성

17개 주로 이루어진 네덜란드는 가톨릭 국가인 스페인의 식민지였으나,

잉글랜드

대서양

네덜란드

신성로마 제국

프랑스

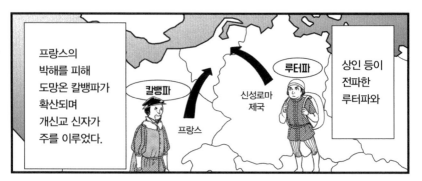

프랑스의 박해를 피해 도망온 칼뱅파가 확산되며 개신교 신자가 주를 이루었다.

칼뱅파

프랑스

루터파

신성로마 제국

상인 등이 전파한 루터파와

전쟁 때문에 물가도 오르고 있어…

더는 못 참아!

믿음을 강요하면서 무거운 세금을 부과하질 않나…

개신교 탄압의 끝이 보이질 않소!

펠리페 2세의 강압 정책에 네덜란드 기독교 신자들의 불만은 점점 커져만 갔다.

'알바' 공작을 파견해 반대 세력을 진압하라!

그런 와중 성당과 수도원의 성상을 파괴하는 폭동까지 일어났다.

종교재판※의 완화와 전국 신분제 의회에 참여할 권한을 요구했다.

1566년 네덜란드의 귀족 4백여 명이

※ 반가톨릭 사상을 가진 자를 처벌하는 일

폭동에 가담한 자들을 찾아내라.

개신교 신자라면 귀족이라도 상관없으니 끌고 와라!

페르난도 알바레즈 데 톨레도 데 알바
네덜란드 총독

1567년 펠리페 2세는 네덜란드 총독으로 강경파인 알바 공작을 임명했다.

이른바 '피의 법정'이라 불리던 이 법정은 사람들을 공포로 몰아넣었다.

이런 상황 속에서

알바 공작은 특별 법정을 열고 개신교 신자와 반역자를 처형했다.

무거운 세금으로 사람들이 힘들어 하고 있소.

네덜란드에 파견된 알바 공작의 종교 재판과

탄압이 무서워 망명했던 유력 귀족들이 움직이기 시작했다.

전쟁 초기에는 자금 · 인력이 풍부한 알바 공작이 유리할 것이란 견해가 지배적이었다.

선조들이 지켜온 자유와 자치권을 되찾읍시다!

펠리페 2세의 공포 정치에 오라녜 공작 빌럼 1세가 반기를 들었다.

빌럼 1세
네덜란드 귀족 · 오라녜 공작

저는 그들이 더 이상 네덜란드를 유린하게 두지 않겠습니다 …!

1568년 80년 동안 이어질 네덜란드 독립전쟁의 서막이 오른 것이다.

그러나

네덜란드 독립전쟁
(1568~1648)

와아아아

막대한 전쟁 비용을 감당하지 못하고 또다시 파산하고 말았다.

당시 스페인은 오스만 제국과도 전쟁을 치르고 있었기에

전하께서 또다시 파산 선고를 하셨다고 합니다!

뭐라 !?

공작님, 큰일입니다!

척

젠장 하는 수 없지, 자급자족할 수밖에!

스페인 병사들

왕국이 파산했기 때문이라 던데 사실인가!?

이봐, 월급이 안 나오는 이유가

안트 베르펀

1576년 임금 체불에 화가 난 스페인 병사들은

남네덜란드의 상업도시인 안트베르펜에서 대규모 약탈을 벌여

7천 명 이상의 희생자를 발생 시켰다.

저 무도한
스페인 놈들을
이 땅에서
반드시
몰아내리라
…!!

안트
베르펜의
시민들
까지
…

프리
슬란트

흐로닝언

홀란트

오버
레이설

위트레흐트

헬데를란트

제일란트

위트레흐트 동맹

이후 1779년
칼뱅파가
주를 이루던
북부 지역※이
위트레흐트
동맹을 맺었다.

이들은
빌렘 1세의
지휘 아래
스페인과의
전투를 이어갔다.

이때 맺어진
위트레흐트 동맹은
'네덜란드 7개주
연합공화국'의
모체가 되었다.

※ 위트레흐트 동맹에 불참한 남부 지역은 훗날 벨기에로 독립함

누구를
국왕으로
추대할까
하는 문제에
봉착했다.

펠리페 2세의
통치를
거부한다!

1581년
네덜란드는
펠리페 2세
로부터 독립을
선언했으나,

다른 나라의
왕족들은
적극적이지
않더군요
…

※1 'Houtland'. 오늘날 네덜란드의 남·북 홀란트 주를 합친 지역.
일본어 '오란다(=네덜란드)'의 어원으로 여겨짐

홀란트 주

위트레흐트 동맹

재정적으로 우위인 홀란트 주※1가 가장 큰 영향력을 행사하는 형태였다.

이는 실제 통치권은 각 주의 주의회가 가지되,

여기에 더해 빌럼 1세의 자손들이 '통령'으로 취임해 정치를 주도하기도 했다.

통령

실질적으로는 왕과 같은 지위

오오, 그거 참 좋은 제안이오!

기왕 이렇게 되었는데, 네덜란드에는 왕이 없어도 되지 않겠소?

이로써 네덜란드에는 공화정이 들어서게 되었다.

1648년 베스트팔렌 조약으로 네덜란드 독립이 국제적으로 승인될 때까지 다시 네덜란드를 지배하려는

하지만 스페인은

야욕을 포기하지 않았다.

네덜란드 7개주 연합공화국

암스테르담

네덜란드는 사실상 독립을 이루게 되었다.

1609년 양국이 일단 휴전 조약을 맺음으로써

스페인과 네덜란드 사이의 싸움은 계속 되었지만

86

시간을 거슬러 휴전 조약을 맺기 전

엘 에스코리알
스페인의 수도원·왕령지[※2]

※2 국왕이 직접 다스리는 영지

펠리페 2세는 '서류왕'이라는 별명이 붙을 정도로 서재에 틀어박혀 집무를 보는 일이 많았다.

…
전하?

스페인의 문화가 이만큼 발달할 수 있었던 건 모두 전하의 공로입니다!

불안하시 다니요 …!

아, 신부. 일을 손에서 놓으면 왠지 불안해져서 말이오.

「오르가스 백작의 매장」
엘 그레코

이러한 지원 덕택에 16세기 후반부터 17세기 초반까지

'엘 그레코', '디에고 벨라스케스' 등 스페인을 대표하는 예술가들이 등장했다.

「시녀들」
디에고 벨라스케스

펠리페 2세는 마드리드 외곽 지역인 엘 에스코리알에 커다란 수도원과 궁전을 지었다. (1563~1584)

이 시대는 펠리페 2세와 가톨릭의 지원 아래 스페인 왕궁을 중심으로 바로크 문화가 꽃피운 시기이기도 했다.

모든 이들이 전하의 영토에는 항상 태양이 떠 있다고 칭송하기 비쁠 정도입니다.

스페인령
포르투갈령

또 전하께서는 신대륙까지 발견하셨죠.

포르투갈의 왕*이신 데다,

※ 펠리페 2세의 포르투갈 왕 즉위(1580)

전하
…

나는 국가 재정을 파탄 냈고, 네덜란드의 반란군을 처단하지 못했소. 또 자랑이던 무적함대마저 패배했소…

'태양이 지지 않는 나라'라
…

16세기 후반
서유럽의
한 축을 담당했던
'스페인 황금기'는

1598년
펠리페 2세의
죽음과 함께
서서히
저물어 갔다.

1588년
스페인의
무적함대를
물리친
잉글랜드가
대두되었다.

잉글랜드

네덜란드
7개주
연합공화국

스페인
으로부터
독립한
네덜란드와
…

이후
역사에는
스페인을
대신해

펠리페 2세가
이끄는
스페인과
대립했다.

오늘날
영국의
중심이 되는
잉글랜드는

다른 나라와는
차별화된
방식으로
종교개혁을
경험하고
힘을 길러

종교개혁이
유럽 전역을
휩쓸던
16세기 후반

시계를 돌려
1527년
잉글랜드
그리니치 궁전

흠,
캐서린 왕비가
아들을 낳지
못하고 있으니
…

헨리 8세
잉글랜드 튜더 왕가
제2대 국왕

아라곤의 캐서린

1509년
잉글랜드의
왕으로 즉위한
'헨리 8세'는

불안정한
국내 상황을
안정시키고자
자신의 뒤를 이을
아들을 원했다.

바로
교황에게
요청
해야겠다.

결혼을
무효로 돌리면
왕비의 시녀인
'앤 불린'은
이제 짐의 애인이
아니라 왕비가
될 수 있어.

그러니
결혼 자체를
'무효'로
하겠다는 것
아닌가!

예에!?

왕비와의
결혼을
없던 일로
해야겠다.

하오나
전하,
가톨릭은
이혼을
금지하고
있습니다
…

90

교황 성하께 제까짓 놈이라니 …

꾸깃

교황, 제까짓 놈이 감히!

그러나 교황은 헨리 8세의 요청을 들어주지 않았다.

잉글랜드 교회의 수장은 짐, 잉글랜드 국왕이다!

앞으로 잉글랜드는 교황의 권위를 인정하지 않겠다!

이제 끝이다!

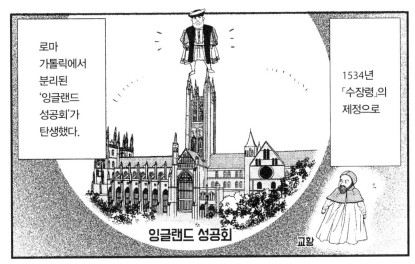

로마 가톨릭에서 분리된 '잉글랜드 성공회'가 탄생했다.

1534년 「수장령」의 제정으로

잉글랜드 성공회

교황

91

수도원의 해산으로 경제력을 쌓으면서

귀족들과 함께 잉글랜드의 지배층으로 성장했다.

몰수된 수도원 토지는 평민 계층인 '젠트리'※가 사들였다.

지방의 지주였던 이들은

이때 헨리 8세는 잉글랜드의 모든 가톨릭 수도원을 해산했는데,

하지만 에드워드 6세가 16살이라는 어린 나이로 사망하자

잉글랜드 성공회는 칼뱅파의 영향을 받아 개신교와 유사하게 변화했다.

1547년 헨리 8세 사후, 그의 아들인 '에드워드 6세'가 9살의 나이로 즉위하면서

헨리 8세와 첫 번째 왕비인 캐서린 사이에서 태어난 메리는 독실한 가톨릭 신자였다.

1553년 '메리 1세'가 즉위하게 되었다.

같은
가톨릭 신자이자
2년 뒤
스페인 국왕으로
즉위하는
펠리페 2세와
결혼했다.

잉글랜드
여왕으로
즉위한
메리 1세는

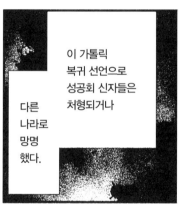

다른
나라로
망명
했다.

이 가톨릭
복귀 선언으로
성공회 신자들은
처형되거나

잉글랜드는
우리 부부가
공동 통치
한다.
국교는
잉글랜드
성공회에서
가톨릭으로
되돌리겠다.

하지만
메리 역시
5년 뒤
병으로
사망하고
말았다.

비록
백성들이
두려움에
떨지라도

아버지의
실수를
바로
잡겠어.

메리 1세는
'피의 메리
(Bloody Mary)'
라는 별명으로
불리게 되었다.

이러한
탄압 정책
때문에

국고는 텅 비었고, 백성들의 믿음은 뿔뿔이 흩어졌다.

강대국들 사이에 우리 군사는 약하기 그지 없으니…

다른 나라의 침공을 받게 된다면 이대로는…

엘리자베스 1세

1558년 헨리 8세와 두 번째 왕비인 앤 불린 사이에서 태어난 '엘리자베스 1세'가 25살의 나이에 여왕으로 즉위했다.

그녀의 슬하에 자식이 없어

헨리 8세		
③ 제인 시모어	② 앤 불린	① 아라곤의 캐서린 (왕비)
에드워드	엘리자베스	메리 (자녀)

백성들이 불안해 하고 있어…

개신교?

언니는 다시 가톨릭을 믿겠다고 하니

가톨릭?

아버지는 성공회에 의존해 가톨릭을 부정했는데,

우선 잉글랜드 성공회를 재정립하자.

또각

94

이로써 잉글랜드 성공회의 교리는 개신교인 칼뱅파에 가까워지면서,

1559년 「통일령」이 제정되었다.

예배는 가톨릭과 비슷한 형식으로 진행되었다.

!

그래! 반반씩 섞으면 되겠군!

한편 일부 가톨릭 신자들은 개신교에 가까운 교리를 가르치는 성공회에 반발하며 유럽으로 망명했다.

이들은 성경을 중시하는 칼뱅파의 영향으로 급진적인 개혁을 주장했다.

그 결과 1570년경 '퓨리탄(청교도)' 이라 불리는 사람들이 새롭게 등장했다.

이러한 여왕의 판단은 양쪽 모두에 불만의 씨앗을 남겼다.

믿음은 더욱 순수해야 합니다!

타협 이라고 하기에는 너무 어중간한 걸 …

그런데 단칼에 거절하셨다고요!?

스페인의 펠리페 2세가 청혼하셨다면서요!?

전하, 이게 사실입니까?

해외로 눈을 돌려 잉글랜드의 영향력을 늘리고자 했는데…

국내의 종교 문제를 일단락한 엘리자베스 1세는

짐은 이미 국가와 결혼했다.

전하 …!

그래. 병사한 언니의 뒤를 이어 결혼해 달라더군.

하나 우리의 영토를 노린 청혼에 불과하네. 그리고,

그러니 스페인과의 관계는 신중해야 해.

유럽에 있던 마지막 영토 칼레※를 빼앗겼다.

언니는 펠리페 2세와 결혼했기에 스페인과 프랑스 사이의 전쟁에 끼어들었고,

※ 백년전쟁(1453) 이후 영국 영토로 유일하게 남아있던 프랑스 도시

프랜시스
드레이크

호오,
스페인
상선
인가?

여왕께서
허락하신
약탈이다.

식민지의
금은보화가
잔뜩
실려있겠지?

곧이어
엘리자베스 1세는
해적 '드레이크'에게
스페인 상선을
공격하라는 지시를
내렸다.

!!

이때 드레이크가
스페인 상선을 상대로
사략 행위※를 벌여
탈취한 재화는
잉글랜드의 귀중한
자산이 되었다.

와아아

아아

자식들아,
가자!

※ 국왕의 허가 아래 타국의 배를 습격·약탈하는 일

스페인은
당연히
분노했다.

섬나라
여왕
주제에
감히!

훌륭합니다.
짐의 해적,
프랜시스 경
…

참고로 드레이크는
세계일주에 성공해
엘리자베스 1세
로부터 기사 작위를
받은 인물이다.

네덜란드 독립전쟁이 일어나자

이렇듯 스페인과 잉글랜드의 갈등이 심해지는 가운데

이는 두 나라에 생각지도 못한 변화를 불러왔다.

네덜란드

청혼을 거절한 것도 모자라 해적을 시켜 우리 배를 약탈하다니 …

으드득

어찌 할까 …?

짐에게 네덜란드의 왕이 되어 달라는군.

당시 네덜란드 반란군은 펠리페 2세를 대신할 새로운 왕을 찾고 있었다.

오랜 기간 지속된 네덜란드 독립전쟁으로 인해 수출길이 막혀 있었다.

잉글랜드는 그동안 안트베르펜에 모직물을 수출해 이익을 얻었지만,

이번 반란으로 모직물 무역에 막심한 손해를 봤습니다.

모직물은 우리의 주요 수출품이니, 하루빨리 반란을 수습하시는 게 좋을 듯합니다.

하…, 네덜란드의 안정이 우리의 수출과 직결된다는 뜻이로군.

후우

왕위는 거절하되,

최대한 협력하지.

스페인은 이를 선전 포고로 받아 들였다.

드디어 잉글랜드를 공격할 때가 온 것인가 ….

1585년 잉글랜드는 네덜란드 독립전쟁에 지원군을 보냈다.

※ '메리 스튜어트'를 말함

여왕이었던 메리 1세*가 엘리자베스 1세 쪽으로 피신해 왔다.

이 무렵 이웃 나라인 스코틀랜드에서 내란이 일어나자

메리 1세

이윽고 메리 1세가 주도한 엘리자베스 1세 암살 미수 사건이 발생했다.

엘리자베스 1세의 정적들이 이용하기 쉬운 대상이었다.

엘리자베스 1세의 친척이자 가톨릭 신자인 메리 1세는 잉글랜드의 왕위 계승권을 가지고 있었기에

당시 스코틀랜드는 독립국이었다.

스코틀랜드

아일랜드

잉글랜드

전하, 메리 님께 처분을 내려주소서!

전하를 암살하고 이 나라를 집어삼키려던 것이 분명합니다!

메리 1세께서 같은 가톨릭 신자인 스페인의 펠리페 2세와 연락을 취하던 것 같습니다.

이에 스페인은 크게 반발해

1587년 메리 1세가 처형되었다.

고심 끝에 엘리자베스 1세는 메리 1세에게 사형을 선고했다.

…

어쩔 수 없군….

짐은 무적함대로 저 괘씸한 여왕이 다스리는 잉글랜드에 벌을 내리리라!

우리 땅인 네덜란드에 멋대로 지원군을 보낸 것도 모자라

가톨릭 신자인 메리 1세까지 처형하다니 …

꽈악

잉글랜드에 무적함대를 파병했다.

당대 유럽 최강의 함대를 마주한 잉글랜드는 절망적인 상황 속에서

쿡, 겁먹지 마라! 진정한 바다 전문가는 바로 우리들이다!

드레이크를 잉글랜드 해군 부사령관으로 임명했다.

잉글랜드

도버 해협

포르투갈

스페인

리스본

1588년 5월 130척의 스페인 함대가 도버 해협으로 진입했다.

두둥

대형선으로 구성된 스페인 함대는 사람들에게 무적함대라 불리던 공포의 대상이었다.

기습을 통해 큰 피해를 주었고,

그럼에도 잉글랜드는 재빠른 기동력으로

반면 잉글랜드 함대는 소형선으로 구성된 오합지졸에 불과했다.

챠아아아

결국 고국으로 뱃머리를 돌릴 수밖에 없었다.

엎친 데 덮친 격으로 폭풍우가 몰아치면서 스페인 함대는

와아아아아

스페인을 이겼다!

스페인은 체면을 구겼다.

이 승리로 잉글랜드는 국제사회에 영향력을 지켜냈고,

그러나 엘리자베스 1세 통치기에도 백성들은 여전히 힘든 삶을 살았다.

잦은 전쟁으로 경제는 불황에 빠졌고,

인구가 증가하면서 빈민과 부랑자가 늘어났다.

이에 1601년 잉글랜드 정부는 백성들을 구제하기 위해 「구빈법」을 시행했는데,

이는 교구※1가 징수한 구빈세※2를 기반으로 일하지 못하는 빈민은 구빈원으로 보내고, 일할 수 있는 빈민은 강제로 취직시키는 정책이었다.

※1 성공회 행정단위의 말단 조직
※2 가난한 이들의 구호를 목적으로 징수하는 세금

이런 식으로는 경제가 안정될 수 없다!

하지만 특허장을 남발하게 되면서 전국에서는 비난 여론이 들끓었다.

또 정부는 재정을 되살리기 위해

상납금을 내는 특정업자에게는 독점권을 인정하는 특허장을 발부해 주었다.

특허장을 부여받은 대표적인 기업이 바로

1600년에 설립된 영국 동인도 회사다.

호잇 호잇

상납금

특허장

돈

업자 B

업자 A

그녀는 평생을 독신으로 살아 자녀를 두지 않았기에 튜터 왕가는 여기서 막을 내리게 된다.

라이벌인 펠리페 2세가 사망한 지 5년이 지난 시점이었다.

1603년 심각한 경제난을 뒤로 하고 엘리자베스 1세가 사망했다.

그가 스코틀랜드와 잉글랜드의 왕으로 즉위하면서 '스튜어트 왕조' 시대가 열렸다.

제임스 1세

엘리자베스 1세의 뒤를 이은 왕은 과거 처형당했던 스코틀랜드의 여왕 메리 1세의 아들 '제임스 1세'였다.

잉글랜드는 엘리자베스 1세가 해결하지 못한 많은 문제 중 하나인 종교 문제와 맞닥뜨리게 되었다.

이후 1640년부터 1660년까지 '청교도 혁명'이 일어나면서

종교개혁의 여파가 남아있었다.

그즈음 서유럽에서 스페인과 어깨를 나란히 하던 프랑스에는

종교 내전으로 번지게 되었고, 그렇게 1562년부터 35년간 계속되는 '위그노 전쟁'이 발발했다.

곧 두 종파 사이의 대립은

결국 16세기 후반에 들어 가톨릭과 개신교가 대립하게 되었다.

가톨릭

VS

칼뱅파 개신교 (위그노)

프랑스에는 1540년대부터 칼뱅 사상이 전파되면서

칼뱅파 위그노*의 숫자가 크게 늘어났는데,

※ 프랑스의 종교개혁가 '칼뱅'의 가르침에 따르는 개신교 신자

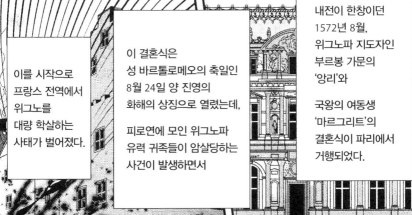

이를 시작으로 프랑스 전역에서 위그노를 대량 학살하는 사태가 벌어졌다.

이 결혼식은 성 바르톨로메오의 축일인 8월 24일 양 진영의 화해의 상징으로 열렸는데,

피로연에 모인 위그노파 유력 귀족들이 암살당하는 사건이 발생하면서

내전이 한창이던 1572년 8월, 위그노파 지도자인 부르봉 가문의 '앙리'와

국왕의 여동생 '마르그리트'의 결혼식이 파리에서 거행되었다.

이 사건을 가리켜 '성[※] 바르톨로메오 축일의 학살' 이라고 부른다.

위그노가 학살 당했다고 한다.

파리에서만 약 2~3천 명, 프랑스 전역에서 1만 명 이상의

대귀족 간의 권력 다툼까지 더해지면서 30년 이상 지속되었다.

잉글랜드

신성로마 제국의 개신교 제후들

스페인

점점 격렬해진 위그노 전쟁은 주변국의 개입과 더불어

앙리 3세는 자식이 없었기에 14세기부터 이어져 오던 발루아 왕가의 대는 여기서 끊기고 말았다.

급진파 가톨릭 수도사에게 암살당하는 사건이 벌어졌다.

그러던 1589년 개신교 신자인 부르봉 가문의 앙리를 후계자로 선언한 '앙리 3세'가

비록 프랑스가 가톨릭 국가라고는 하나,

위그노 역시 마땅히 신앙의 자유를 보장받아야 하네.

가톨릭 과 위그노 의 공존!

개인의 신념보다 나라의 평화와 백성들의 안녕을 우선시해야 하는 법이네.

국왕 이라면,

바로 그것 일세.

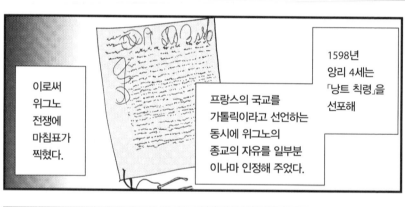

이로써 위그노 전쟁에 마침표가 찍혔다.

프랑스의 국교를 가톨릭이라고 선언하는 동시에 위그노의 종교의 자유를 일부분 이나마 인정해 주었다.

1598년 앙리 4세는 「낭트 칙령」을 선포해

대—앵

대—앵

가톨릭 광신도에게 살해당하고 말았다.

하지만 그로부터 12년 뒤, 앙리 4세는 파리 시내를 마차로 이동하던 중

비록 전하께선 떠나셨지만, 그 뜻을 잇는 것이야말로 남겨진 우리가 해야 할 일…※

전하께선 당신의 신앙보다 국가의 평화를 우선시하던 분이셨다.

전하 …

독일과 동유럽, 다시 말해 신성로마 제국을 중심으로 발생한 '30년 전쟁'이 큰 역할을 했다.

이러한 국제질서가 확립될 수 있었던 배경에는

신성로마 제국

각국 군주들이 자국의 안녕과 발전을 가장 중요하게 여긴 것이다.

이후 유럽의 국제질서는 앙리 4세와 같은 실용적 태도를 기반으로 확립되었다.

하지만 이 화의는 임시방편에 불과했다.

1555년 아우크스부르크 화의가 맺어진 뒤

언뜻 가톨릭과 개신교가 공존하는 것처럼 보였다.

우린 가톨릭을 믿는다구.

제후국 A

종교개혁의 시발점이었던 신성로마 제국은

제후국 B

우린 개신교로 개종할 거야.

109

신앙의 자유가 완전히 보장되지 않은 탓에 종파 사이의 갈등은 여전히 존재했다.

저희 집 식구는 모두 개신교 신자인데요?

영주민

영주님께서 가톨릭 신자시니 너희들 모두 가톨릭을 믿도록 해라.

성직자

꾸우우욱

황제

제후국 군주

귀족

영주민

종파를 둘러싼 갈등은 고조될 수밖에 없었다.

황제의 영향력을 배제하고 영지 내 귀족들을 억눌러야 했기 때문에

또 제후국 군주들은 영지 내에 절대적인 지배권(주권)을 확립하기 위해

새로 즉위한 보헤미아 왕이

개신교 교회의 설립을 금지했다고 들었네.

개신교 귀족

그러던 1618년 신성로마 제국 동쪽에 위치한 보헤미아에서 결국 한 사건이 벌어졌다.

※1 1534년에 창설된 남성 가톨릭 수도회.
구성원들은 교황에게 충성을 맹세하고 선교자로서 활약함

그 녀석 예수회※1 학교에 들어갈 정도로 신앙심이 깊다던데?

합스부르크 왕가의 '페르디난트 2세' 말이군.

용서 못해!

페르디난트 2세

항의 하겠어!

이건 횡포야!

프라하 성으로 몰려가 섭정관과 논쟁을 벌였다.

이 소문에 화가 난 개신교 귀족들은

이를 '프라하 창밖 투척 사건'이라고 한다.

이 사건은 곧 1618년 유럽 각국이 개입하는 30년 전쟁의 불씨가 되었다.

이때 섭정관들은 3층에서 창밖으로 던져졌는데, 쓰레기 더미 위로 떨어져 겨우 목숨을 건질 수 있었다.

※2 신성로마 제국의 황제 선출권을 가진 유력 제후들

털썩

어이쿠

새로운 보헤미아의 왕으로 개신교 신자이자 팔츠 선제후※2인 '프리드리히 5세'를 지목했다.

그러나…

프리드리히 5세

영차

개신교 귀족

이듬해 보헤미아의 개신교 귀족들은 먼저 페르디난트 2세의 폐위를 선언하고,

111

같은 가톨릭 국가이자 친척인 스페인에도 원군 요청을 보내라!

예전의 짐이 아니다!

반역자 놈들, 제국 내의 가톨릭 제후군을 동원해 모조리 짓밟아 주마!

페르디난트 2세
신성로마 황제※

※ 1619년에 황제로 즉위함

괘씸한 놈들!

네덜란드

보헤미아

프랑스

신성로마 제국

스페인

페르디난트 2세는 대군을 이끌고 보헤미아를 침공했다.

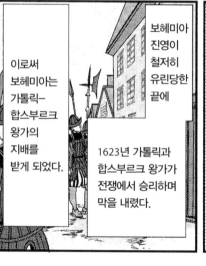

이로써 보헤미아는 가톨릭-합스부르크 왕가의 지배를 받게 되었다.

보헤미아 진영이 철저히 유린당한 끝에

1623년 가톨릭과 합스부르크 왕가가 전쟁에서 승리하며 막을 내렸다.

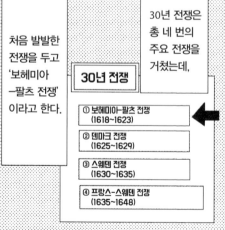

처음 발발한 전쟁을 두고 '보헤미아 -팔츠 전쟁' 이라고 한다.

30년 전쟁은 총 네 번의 주요 전쟁을 거쳤는데,

30년 전쟁

① 보헤미아-팔츠 전쟁
(1618~1623)

② 덴마크 전쟁
(1625~1629)

③ 스웨덴 전쟁
(1630~1635)

④ 프랑스-스웨덴 전쟁
(1635~1648)

스페인 왕궁

한편 유럽 각국은 이를 계기로 바쁘게 계산하기 시작했다.

곧이어 페르디난트 2세도 세력을 확장했다.

가톨릭 세력을 확장할 것이다!

스페인의 명성을 드높이 겠습니다.

이번 기회에 네덜란드 독립주의자들을 쓸어버려

부탁하네. 올리바레스 백작.

황제군을 도와 승리한 덕에 북서 유럽에 지배력을 유지하고

올리바레스 백작
펠리페 4세의 총신

펠리페 4세
스페인 국왕

네덜란드에 군대를 쉽게 파견할 수 있게 되었습니다.

우리나라는 합스부르크 왕가가 지배하는 스페인과 신성로마 제국 사이에 끼어 있으니 말이죠.

신성로마 제국

프랑스

스페인

전하, 합스부르크 왕가에 권력이 집중되어선 안 됩니다.

프랑스는 이러한 상황을 경계 했다.

루이 13세
프랑스 국왕

리슐리외
프랑스 재상

전하, 가장 중요한 건

우리에게 득이 되느냐 아니냐 뿐입니다.

부디 그것만 떠올리시지요.

하지만 우리 프랑스는 같은 가톨릭 국가가 아닌가?

우선 다른 나라와 '대 합스부르크 동맹'을 맺고 저항해야 합니다.

개신교 신자와 손을 잡을 수는 없네.

같은 가톨릭 신자인 합스부르크 왕가를 적으로 돌리고

【대 합스부르크 동맹】

스웨덴

덴마크

잉글랜드

네덜란드

프랑스

1624년 리슐리외는 각국을 설득해

30년 전쟁은 이렇듯 외국 세력이 하나 둘씩 개입하기 시작하면서 유럽 최초로 '대전(大戰)'의 양상을 보였다.

대 합스부르크 동맹을 맺고 합스부르크 포위망을 구축했다.

가톨릭　　개신교

덴마크의 영토를 남쪽까지 확장할 기회다!

우리의 동지인 개신교 신자들을 구하러 가자!

크리스티안 4세
덴마크 국왕

1625년 덴마크 전쟁이 발발했다.

〈30년 전쟁 ②〉 덴마크 전쟁

대 합스부르크 동맹국 중에 가장 먼저 행동에 나선 것은 덴마크였다.

덴마크

신성로마 제국

발렌슈타인
용병 대장

예.

그렇지 않은가, '발렌슈타인'?

오히려 잘됐군.

신성로마 제국

폐하, 덴마크가 군사를 움직였다는 전갈입니다!

당시 유럽의 전쟁은 돈으로 고용된 용병들이 주축을 이루었는데, 덴마크 전쟁에서는 보헤미아 출신의 용병 대장 발렌슈타인이 눈부신 활약을 펼쳤다.

1629년
페르디난트 2세와
강화 조약을
체결하면서
전장에서 이탈했다.

이듬해
덴마크군은
발렌슈타인이 이끄는
황제군에 격파당하고

1630년
이번에는
덴마크와
같은 루터파인
스웨덴이
참전했다.

개신교
동지들을
지켜라!

이 전쟁으로
발트해를
손에
넣는 거다!

스웨덴

구스타프 2세 아돌프
스웨덴 국왕
일명 '북방의 사자'

신성로마 제국

〈30년 전쟁 ③〉 스웨덴 전쟁

예,
폐하.

구스타프
이 자식,
하늘 높은 줄
모르고!
발렌슈타인!

1631년
구스타프 2세는
황제군을 상대로
대승을 거두며

제국의
남쪽으로
진격했다.

황제군 따위
겁낼 것 없다!
진격하라!

흥!
용병들이
거친 건
당연한 사실
아닌가?

…
하오나, 폐하.
제후들은
제 용병단을
꺼리는 눈치
입니다.

전쟁터나 마을을
가리지 않고
약탈과 폭행을
서슴없이 저질렀다.

용병은
전투 실력은
뛰어났지만,

예.

승리한다면
그딴 일이
대수겠는가!
당장 출전하라!

우리 스웨덴군이 유리하니 이대로 적을 몰아내자!

짙은 안개 따위 신경 쓰지 마라!

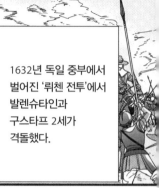

1632년 독일 중부에서 벌어진 '뤼첸 전투'에서 발렌슈타인과 구스타프 2세가 격돌했다.

스웨덴은 뤼첸 전투에서는 승리했지만,

저… 전하!

타앙

37살의 젊은 국왕이 전사하는 큰 희생을 치렀다.

그러나 구스타프 2세는 한 발의 총탄에 쓰러지고 말았다.

암살 당했다.

한편 발렌슈타인은 지나치게 강해진 권력으로 인해 반역의 혐의를 뒤집어 쓰고 황제가 보낸 자객에게 독일의 뇌르틀링겐에서 벌어진 전투에 패배하면서 괴멸 직전의 상태에 놓였다.

황제의 지원군으로 도착한 스페인군으로 인해

스웨덴군

황제군

스웨덴군은 국왕이 전사해 기세가 한풀 꺾인 데다,

단 우리의 목적은 어디까지나 합스부르크 왕가,

특히 스페인 세력을 꺾는 일 입니다.

부디, 명심하시길.

프랑스

덴마크에 이어 스웨덴까지 패배하다니 …

우리가 직접 움직여야 할 때인 것 같군요.

이제 동맹국에 군자금만 보낼 게 아니라

독일에서 전투 중이던 동맹국 스웨덴에 지원군을 보냈다.

1635년 프랑스는 스페인에 선전포고하며

〈30년 전쟁 ④〉
프랑스-스웨덴 전쟁

스페인(가톨릭)
&
신성로마 황제
(가톨릭)

VS

프랑스(가톨릭)
&
스웨덴(개신교)

종교 대립으로 시작해 유럽의 패권을 둘러싼 전쟁으로 흐름이 바뀌었다.

이 전쟁은 프랑스(가톨릭)가 스웨덴(개신교)과 손을 잡음으로써

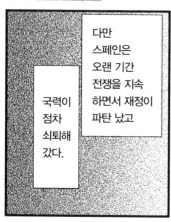

국력이 점차 쇠퇴해 갔다.

다만 스페인은 오랜 기간 전쟁을 지속 하면서 재정이 파탄 났고

결정적인 승리를 거두지 못해 전쟁은 교착 상태에 빠졌다.

이후 전쟁의 양상은 프랑스와 스웨덴에게 유리하게 흘러갔지만,

1,600만 명 이었던 인구수가 1,000만 명 까지 급감한 것으로 추정된다.

특히 주요 전장 이었던 독일에는 기근에 흑사병까지 퍼져

30년 전쟁은 군사혁명으로 개발된 신무기까지 사용된 탓에 전사자 수가 많았다.

유럽 최초의 국제회의
라고도 할 수 있는
이 회의에는 유럽 각국과
독일 제후들이 참가했다.

1644년 말
마침내
참전국들이 모여
평화 교섭을
시작했다.

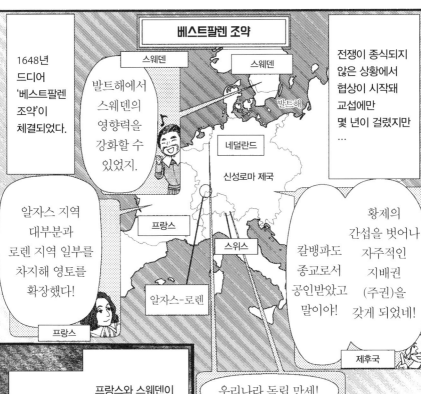

베스트팔렌 조약

1648년
드디어
'베스트팔렌
조약'이
체결되었다.

스웨덴

스웨덴

발트해에서
스웨덴의
영향력을
강화할 수
있었지.

발트해

네덜란드

신성로마 제국

전쟁이 종식되지
않은 상황에서
협상이 시작돼
교섭에만
몇 년이 걸렸지만
…

알자스 지역
대부분과
로렌 지역 일부를
차지해 영토를
확장했다!

프랑스

프랑스

스위스

알자스-로렌

칼뱅파도
종교로서
공인받았고
말이야!

황제의
간섭을 벗어나
자주적인
지배권
(주권)을
갖게 되었네!

제후국

독일 지역을
쑥대밭으로
만들며 이렇게
끝이 났다.

프랑스와 스웨덴이
승리하고, 스페인과
신성로마 제국이
패배한 30년 전쟁은

우리나라 독립 만세!

네덜란드   스위스

전쟁을 정의로운 법으로 규제하는 국제법이 필요하다.

휴고 그로티우스
네덜란드 법학자

법학자 '그로티우스'는 『전쟁과 평화의 법』을 발표했다.

1625년 30년 전쟁의 피해를 직접 목격한

이로 인해 독일 지역에서 신성로마 황제의 지배력이 크게 약화되었다

우리 제후국은 이제부터 칼뱅파야!

또 독일의 제후들은 베스트팔렌 조약을 통해 제후국의 중앙집권적 지배를 강화했다.

【주권국가란?】

· 전쟁 · 외교 등 외교 문제에 대해 자유롭게 의사 결정함

전쟁?
무역?
외교?

좋아, 결정했다!

· 자립적인 지배 영역을 확립함

여기부터 우리나라야.

· 교황 · 제국 등의 상급 권력으로부터 독립함

싫어!

특히 대다수의 유럽 국가가 대등한 위치로 교섭에 참가해 조인함으로써

'주권국가 체제'라는 새로운 질서가 확립되는 데 커다란 영향을 주었다.

30년 전쟁은 다양한 분야에 영향을 미쳤지만,

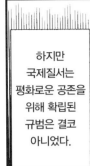

하지만 국제질서는 평화로운 공존을 위해 확립된 규범은 결코 아니었다.

여러 관례가 정해졌고 국가 간의 규범, 즉 '국제질서'가 탄생했다.

이후 주권국가들 사이에 외교 및 전쟁 등과 관련된

주권을 인정받은 신성로마 제국 내의 제후국을 비롯해

그 뒤로도 여전히 주권국가 체제 아래, 각국은 왕위 계승과 영토 분쟁을 벌이며 많은 전쟁을 치렀다.

베스트팔렌 조약으로 많은 세력이 대등한 위치를 보장받았지만,

오늘날까지 국제질서로 이어지고 있다.

이 주권국가 체제는

16세기 말 일본의 '도요토미 히데요시'가 임진왜란을 일으키면서

한반도에는 치열한 전투가 계속되었다.

도요토미 히데요시

여진

만리장성

조선

일본

한반도

북경 (베이징)

명

비단

도자기

생사

류큐

타이완 섬

이로 인해 관료와 상인들은 부를 축적할 수 있었고 더 사치스러운 생활을 원하기 시작했다.

한편 이 무렵 중국 대륙은 명(明)이 지배했는데, 비단·생사[1]·도자기 등을 무역하며 번영을 누렸다.

※1 뜨거운 물에 담그지 않고 누에고치에서 바로 뽑아낸 명주실

좀 비싸기는 하지만 부담가질 것 없네.

고급 검은담비 모피라네.

어머나, 이렇게 좋은 모피를 받아도 되나 모르겠네!

북경

다양한 사치품 중에서도 북경의 추운 겨울을 따뜻하게 날 수 있는 검은담비 모피와

검은담비

인삼

인삼을 준비할까요? 기력을 보충하셔야죠.

몸이 열 개라도 모자라겠네.

아이고, 내일도 연회에 가야 하는데!

크하하하

기원전부터 귀한 약재로 여겨진 인삼※2이 인기가 많았다.

명은 이러한 사치품들을 여진족※3이나 동북아시아 각지에서 들여왔다.

그럴까? 얼마든 상관없으니 어서 내오게!

철썩

※2 한반도와 동북아시아 산림 지역에서 자라는 약재. 비싼 값에 거래됨
※3 농업·수렵으로 생활하던 유목민족. 1115년 중국 대륙 동북부에 금(金)을 건국함

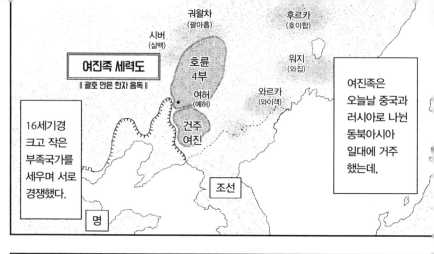

여진족 세력도
‖ 괄호 안은 한자 음독 ‖

귀왈차
(괄아흡)

시버
(실백)

후르카
(호이합)

호룬
4부

워지
(와집)

여허
(예허)

와르카
(와이객)

건주
여진

조선

명

16세기경
크고 작은
부족국가를
세우며 서로
경쟁했다.

여진족은
오늘날 중국과
러시아로 나뉜
동북아시아
일대에 거주
했는데,

부디 저희
북쪽 부족을
건주여진으로
받아
주십시오.

버이러※,
검은담비와
여우 모피
입니다.

그중에서도
'건주여진'의
누르하치가
두각을
드러냈다…

※ 부족의 '추장'을 뜻함

우리
특산물은
인삼
뿐이지만

앞으로는
북방의
모피까지
손에 넣을 수
있겠어.

환영하오.
앞으로
매년 바칠
공물을
기대하겠소.

명과
무역해
나라를 세울
자금을
마련하겠다.

누르하치
건주여진 버이러

누르하치는 몽골 문자를 변형해 만주 문자를 만들었으며,

나라를 세우려면 문자가 필요해. 지금까지는 우리 고유의 문자가 없었지만,

몽골 문자를 빌린다면 우리 여진족의 언어도 기록으로 남기기 수월해지겠지.

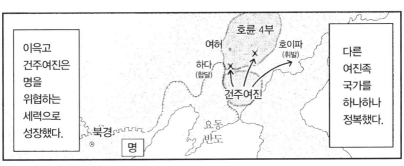

이윽고 건주여진은 명을 위협하는 세력으로 성장했다.

호륜 4부

여허

하다 (합달)

호이파 (휘발)

건주여진

북경

명

요동 반도

다른 여진족 국가를 하나하나 정복했다.

명과 건주여진의 관계는 악화되었다.

그들의 세력을 꺾으려면 무역을 제한해야 합니다.

같은 여진족인 여허를 이용해 누르하치를 견제합시다.

누르하치의 세력이 너무 강해졌소 …

북경

1660년 누르하치를 지지하던 명의 고위 관리가 실각하자

...
싸울
수밖에
없나.

이제
곧 무역도
끊길 것
같습니다
...

버이러,
명은 우리를
무너뜨릴
생각입니다.

허투알아
후금의 수도

나라의
국호를
'후금'※2
으로
정했다.

1616년
누르하치는
칸※1의 자리에
오른 뒤,
명으로부터의
독립을 천명하고,

※1 'Khan'. 몽골 · 만주 유목민족의 '왕' 칭호
※2 1115년에 건국된 금(金)과 구분하기 위해 후금(後金)이라고 부름

각 조직은
깃발로
구분되었다.

이때 깃발은
노랑(황), 하양(백),
빨강(홍), 남색(람)
4가지 색상과
테두리 유무로
나눴다.

이어
조정 · 군부를
하나로 합쳐
'팔기제'를
만들었다.

팔기제란
가신 · 백성을
8개 조직으로
편성하는
제도로,

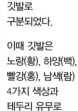

팔
기
제

정황기

양황기

정백기

양백기

정홍기

양홍기

정람기

양람기

이 중 2기는 내가
지휘하고, 나머지는
아들들에게 맡기자.

[잠깐] 테두리가 있는 깃발을 '양(鑲)'이라고 부름

누르하치가
처들어
왔다…!

10만
대군을
파견해
토벌하세!

1618년
전쟁을 선포한
누르하치는
명의 거점을
하나둘씩
점령하며
나아갔다.

명은 이제
우리의
적이다!

출진
하라!

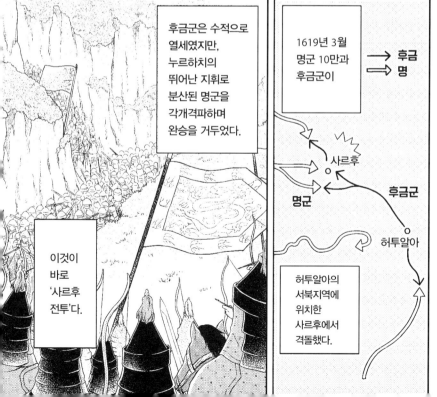

후금군은 수적으로
열세였지만,
누르하치의
뛰어난 지휘로
분산된 명군을
각개격파하며
완승을 거두었다.

이것이
바로
'사르후
전투'다.

1619년 3월
명군 10만과
후금군이

→ 후금
⇒ 명

사르후

명군

후금군

허투알아

허투알아의
서북지역에
위치한
사르후에서
격돌했다.

사기가 오른
후금군은
고립된 여허와
명의 요동 반도를
공격해 차지했다.

이 기세를 타고
여허 놈들과
요동 반도까지
모두 점령한다!

드디어
여진 통일
이라는
대업을
달성했다…

몽골

후금

심양
(선양)

허투알아

요동
반도

산해관

조선

1619년
누르하치는
드디어
여진족을
통일했다.

어머니
혈통도
좋고,
백성들
에게
신망이
두터운

흠,
다음
칸의
자리는

일대의 영웅
누르하치는
1626년 병으로
사망했다.
향년 67세였다.

요동을
손에
넣었으니,
심양*으로
수도를
옮기자.

심양

※ 1625년에 심양으로 천도함

전대 군주가 사망하면 왕족들이 후계자를 선출했다.

당시 여진족에는 장자 상속, 왕세자 제도 등의 확실한 세습 제도가 없어

과연.

오오.

'홍 타이지' 전하가 적합할 것 같소만.

후금의 제2대 칸으로 추대 되었다.

홍 타이지
누르하치의 여덟 번째 아들

그렇게 출신 성분이 좋은 어머니를 둔 데다, 몽골어와 중국어까지 구사할 수 있는 홍 타이지가

두구두구

후금을 형제국으로 대우하는 맹약을 맺어 배후를 방비했다. (정묘호란)

1627년 후금군은 조선의 수도 한양으로 진격해

우선 조선을 굴복시켜 배후의 불안 요소를 없애자.

주변국들은 우리를 적대시하고 있다.

후금

몽골

조선

명

처음으로 만리장성을 넘어 수도 북경을 포위함으로써 명을 두려움에 떨게 했다.

이후 홍 타이지가 이끄는 후금군은

명에는 승산이 없다. 우리는 이대로 후금의 편에 선다!

이에 명의 장군인 '상가희' 등이 신무기인 홍이포(대포)를 바치며 후금의 편으로 돌아섰다.

상가희
명(明)의 장군

※ 'Kaǧan', 몽골·만주 유목민족의 '황제' 칭호

이건 기회다!

뭐, 뭐라!

몽골의 카간,※ '링단'이 죽었다고 합니다!

벌떡

칸이시여!

그런 와중…

몽골은 북경을 떠난 1368년 이후로도 그 세력을 유지하고 있었다.

1635년
도르곤이
이끄는
원정군은
사망한 링단의
내몽골 세력을
복속시켜

예.

몽골에
카간이 없는
지금!
이 기회를
절대 놓칠 수
없다!

나의 아우
'도르곤',
내몽골로
출정하라.

도르곤

꽈악...

나는
이 나라를
원(元)의
뒤를 잇는
제국으로
만들 것이다!

이제 모든
준비는
끝났다.

더 이상
후금의
칸으로만
남지 않겠다.

후금

내몽골

북경

조선

명

지배
했다.

우선
명칭부터
바로 잡겠다.
우리 민족은
더 이상
'여진족'이
아니다.

이제부터
'만주족'
이라고
부르겠다!

이후 모든
여진족을

만주족
이라
부르게
되었다.

홍 타이지는 만주족과 몽골족, 그리고 한족의 추대를 받아 새로운 황제로 즉위했다.[1]

다음 해인 1636년 4월

※1 '숭덕제(崇德帝)' 즉위

우선 이 경삿날에 불참한 조선부터 혼쭐을 내주도록 하지.

우리는 세력을 더 넓혀야 한다.

국호인 후금을 '대청(大清)'으로 개칭하면서

1636년 역사에 청(淸)이 등장했다.

와아아

우리와 형제의 맹약을 맺었건만 아직 명에 미련이 남은 듯하다.

이번에야말로 정신 차리게 해주자!

※2 조선은 건국 때부터 명에 사대함. 초기에는 형식적인 관계라 불화를 겪었으나, 임진왜란을 거치며 돈독한 관계가 형성됨

134

흠, 다음은 명의 차례다.

그 전에 제도를 재편할 필요가 있겠군.

이로써 조선은 청과 군신관계※3를 맺게 되었다.

1637년 조선 제16대 왕 '인조'는 청군이 침략하자 남한산성에서 저항하다 항복하고 말았다. (병자호란)

※3 조공을 바치고 신하의 예를 갖추는 관계

지금의 팔기제에서 몽골족과 한족을 분리해

'만주팔기, 몽고팔기, 한군팔기' 3개 부대,

황제

황족 황족 황족 황족 황족

한군팔기 몽고팔기 만주팔기

상오기 (上五旗)※3

하오기 (下五旗)

총 24개 조직으로 재편하자. 복속된 자들도 팔기제에 포함하는 거다.

※3 숭덕제 시대의 황제 직속 기(旗)는 2개, 이후 3개로 늘어남

만리장성 동쪽 끝 관문 '산해관'을 공략해야 했다.

명을 무너뜨리기 위해선 먼저 명장 '오삼계'가 버티고 있는

그러나 명과의 전쟁은 끝날 기미가 보이지 않았다.

와아 아아

오삼계 명(明)의 장군

'도쿠가와 이에미쓰'가 기리시탄[1] 단속 및 무역 통제 정책을 강화하고 있었다.

1603년 성립된 에도 막부의 제3대 쇼군,

숭덕제가 청을 건국할 무렵, 바다 건너에 있는 일본에서는

도쿠가와 이에미쓰
에도막부 제3대 쇼군[2]

※1 크리스천(그리스도교 신자)의 일본어 음차. 일본의 가톨릭 신자를 말함
※2 '대장군'이라는 뜻. 일본의 최고 권력자인 '정이대장군(征夷大將軍)'을 말함

놈들이 난동이라도 부리는 날에는…

기리시탄은 신을 위해서라면 죽음도 마다치 않는 자들입니다.

쇼군, 스페인과 포르투갈은 먼저 그리스도교를 포교한 뒤, 병사를 보내 그 나라를 점령한다고 합니다!

무역항을 제한하거나 슈인센[3]을 막아서라도 기리시탄이 입국하는 걸 막도록 하세요!

흠, 당연한 이야기로군요. 주군의 명령이 아닌, 타국 교회를 따르는 자들을 내버려 두어선 안 되죠.

※3 막부의 허가를 받고 동남아시아 방면의 국가들과 무역하는 일본 상선

포르투갈

스페인

명

일본

남만무역※4을 통해 일본에는 전국시대부터 그리스도교가 전파되었다.

콰앙

1637년 니시규슈에서 기리시탄들이 주도한 '시마바라의 난'은

그리스도교 탄압에 쐐기를 박은 사건이었다.

위협적이라고 판단하면서 탄압이 심화되었다.

그러나 에도 막부가 그리스도교를

히라도

나가사키

데지마

1641년 유일하게 무역이 허가된 네덜란드는 히라도에 있던 상관을 나가사키의 데지마 섬으로 이전했다.

서양과의 무역 창구를 나가사키로 한정했다.

이어 1639년 에도 막부는 포르투갈 상선의 내항을 금지하고,

안돼!!

포르투갈 상선

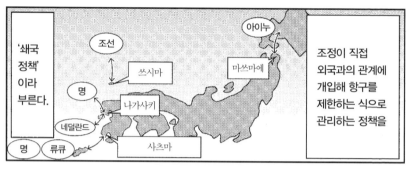

'쇄국 정책'이라 부른다.

아이누

조선

쓰시마

마쓰마에

명

나가사키

네덜란드

명

류큐

사츠마

조정이 직접 외국과의 관계에 개입해 항구를 제한하는 식으로 관리하는 정책을

상인

생사

일본은 위험한 나라이므로 거래하지 않겠다!

도요토미 히데요시가 임진왜란을 일으킨 이후로 명은 일본과의 직접 무역을 허락하지 않았다.

힝, 장사만 하면 되는데…

명

일본

생사

명

일본

동중국해

은

이 즈음 동중국해에선 주로 명의 생사와 일본의 은이 거래되었지만

크하하, 내가 없으면 네덜란드고 일본이고 장사가 안 된다니까?

정지룡

'정지룡'이라는 인물은 이런 상황을 이용해 사병을 이끌고 타이완 섬·마카오·일본을 오가며 밀무역을 통해 많은 돈을 벌어들였다.

생사와 은을 교역해 거대한 세력을 구축했다.

명
생사

일본
은

정지룡은 동중국해까지 진출했던 네덜란드인과 손을 잡고

이거야 원, 그자를 우리 편으로 끌어들이는 수밖에 없을 것 같소.

점점 정지룡의 세력이 막강해집니다.

북경

반란군이나 해적 등을 토벌하지 않고 관직을 주어 군대에 편입시키는 방식은,

역대 중국 왕조들이 흔하게 취하던 수법이었다.

1628년 명 조정은 정지룡을 해군 사령관으로 임명했다.

뭐, 나야 비싸게만 쳐준다면야 어디든 못 가겠느냐만.

크큭, 조정이 보기에도 내 몸값이 비싸긴 비싼 모양이야.

더욱이 1620년 어린 나이에 즉위한 황제 '천계제'는

정치에 뜻이 없어 측근들이 위세를 부렸다.

천계제
제15대 황제

폐하께 아뢸 말이 있다면 우리에게 하게나!

측근들

비록 사르후 전투는 패배했지만,

산해관

후금
사르후

북경

명

강남

거대 제국인 명의 입장에서 보면 머나먼 동북 지역에서 패배한 것이라

북경이나 강남 등의 주요 지역에서는 큰 위협을 느끼지 못했다.

※1 강남 출신의 정치가들로 구성된 학자 중심의 붕당으로, 당시 환관이 득세하던 조정을 비판함

후금에 대한 대책을 마련할 수 있는 상황이 아니었다.

닥쳐라, 이놈!

왁자

측근의 부정을 바로잡아야 합니다!

지껄

동림파※1라 불리는 학파가 부패한 조정을 비판했지만

황제의 측근들에게 탄압받는 등, 조정은 혼란에 빠져

동림파

※2 우리나라의 '경신 대기근'도 이 무렵(1670~1671)
※3 흉작으로 먹을 것이 부족해져 사람들이 배고픔에 시달리는 일

냉해 등으로 인한 기근※3이 전국적으로 일어나던 시기이기도 했다.

여기에 더해 명 조정이 혼란하던 1620년대 이후는 전 세계적으로 이상 기후가 발생해※2

그 결과
화북 지방의
가난한 농촌
지역에서는

곳곳에서
폭동과
반란이
일어났다.

※4 조정의 문서 · 짐을 운반하는 일을 하던 사람

반란에
가담한 사람
중에는
역졸※4 출신의
'이자성'이라는
인물도 있었다.

이자성

충성하든
배신하든,
그 끝은
어차피
지옥이다!

그렇다면
차라리
전부 뒤집어
버리자!

우오ㅡ

이자성은
세력을 키우면서
유력한 반란군 중
하나로 급부상했다.

그게
정말
이야?

이자성
님,
만세!

이자성 님께선
세금을
면제해주고
땅까지
나누어 주신대!

그로 인해
1631년부터
시작된 일련의
반란에 그의
이름을 붙여
'이자성의 난'
이라고 부르게
되었다.

아아아아

외

우오ㅡ

※1 같은 시기 일본에서도 '간에이 대기근'이 일어남

이에 이자성은 새로운 나라를 세우려는 뜻을 품게 되었다.

1640년※1부터 3년 간 계속된 기근으로 난민과 학자들까지 고향을 버리고 합세하자 반란 세력은 더욱 커져 갔다.

※2 이전의 '장안(長安)'

천명은 이제 나에게 있다! 전군, 북경을 공격하라!

북경

서안 (시안)

1644년 1월 이자성은 서안※2에 새로운 국가인 '대순(大順)'을 건국했다.

이대로 끝이란 말인가 …

종을 쳐도 아무도 오지 않다니 …

여봐라!

거기 아무도 없느냐!?

댕

3월 19일 이자성군이 북경으로 진입했다.

썩은 조정을 무너뜨려라!

댕

숭정제
제16대 황제

명의 마지막 황제인 숭정제는 고작 환관 한 명을 데리고 자금성 뒷산으로 올라가 쓸쓸하게 죽음을 맞이했다.

1644년 그렇게 명이 멸망했다.

대순의 황제, 이자성 폐하 만세!

만세!

백성들은 북경에 입성한 이자성에게 복종했다.

예, 장군. 황제 폐하 께서도 원통하게 눈을 감으셨 습니다.

황태자 전하의 생사조차 확인할 길이 …

그런 …

이 소식은 산해관을 지키던 오삼계 에게까지 전해졌다.

뭐, 뭐라!? 북경이 역도들의 손에!

전방에는 청군, 후방에는 반란군… 그야말로 진퇴양난이다…

산해관

청

순

북경

명 최정예 부대로 산해관을 수비하던 오삼계는 위기에 봉착했다.

산해관 밖 청군 진영

뭐라? 오삼계가 도움을 요청해?

그렇다면…

그런가…

이미 명에 이변이 일어났다는 보고를 받은 도르곤은 군사를 이끌고 산해관에 도착해 있었다.

1643년 숭덕제가 급사하자 숙부 도르곤은 아직 어린 '순치제'를 즉위시켰다.

이후 도르곤은 청의 섭정을 맡았다.

예, 전하. 죽은 명 황제의 원수를 갚는 일에 힘을 보태달라고 합니다.

도르곤
청(淸)의 섭정왕

할 수 없구나.

오랑캐에게 무릎을 꿇어서라도 도움을 받을 수밖에…

싹둑

순군이 진격하고 있습니다!

이대로 가면…

…

끼이이…

…?

대순

관문이 열렸다?

대

와아아아

순군

승리가 눈앞에 있다!

오삼계군이 밀리고 있어!

※ 팔기제에서 수백 명~수천 명을 이끄는 수장을 말함

팔기의 어전※들이여,

돌격하라!

처억…

뭐, 뭐라고!? 저들이 어째서 오삼계와 …? 설마 결탁한 것인가!

대순

처, 청군 이다! 청의 군대가 나타 났다!

!?

순군은 와해되었고, 북경으로 도주한 이자성은

막 차지한 북경에서 쫓기듯 떠나야 했다.

전투는 하루 만에 끝났다.

스윽…

!

와아!!

북경

오삼계 장군께서 역적을 무찌르고 돌아오셨다!!

이제 안심이야!

저, 저것 봐, 오자성 장군께서 변발을 하셨어!

오삼계 장군께서 청군으로 돌아서다니 ...!

청에 복종하라는 도르곤의 조건을 오삼계가 받아들인 것이다.

5월 2일 도르곤은 오삼계와 함께 북경에 입성했다.

반면 만주족은 머리카락을 조금만 남기고 깎아 남은 것을 땋고(변발), 몸에 딱 맞는 통소매 옷과 바지를 입었다.

한족은 머리카락을 길게 늘어뜨려 묶은 뒤, 관이나 두건을 쓰고 헐렁한 옷을 입었다.

관

만주족은 복속한 나라 사람들에게도 같은 복식을 강요했다.

변발

만주족 전통 복식

한족 전통 복식

1644년 이렇게 중국 대륙이 청의 손아귀에 들어갔다.

같은 해 9월 도르곤은 천도를 지시하고 순치제를 북경으로 불러들였다.

성경 (선양)

북경

산해관

'청의 입관' 이라 한다.

산해관을 통과해 북경으로 입성한 이 일련의 과정을

청군의 거센 추격 앞에 이자성은 패주했고,

결국 자경단의 손에 살해되고 말았다.

순과 명의 잔당들에게 수습할 시간을 주어서는 안 된다!

즉시 추격군을 보내라!

명

청

명을 재건 하자!

이를 '남명 (南明)' 이라 한다.

남경 (난징)

복왕

소흥 (사오싱)

노왕

남명

복주 (푸저우)

당왕

계왕

광주(광저우)

조경(자오칭)

‖ 괄호 안은 오늘날의 지명 ‖

한편 강남 지방에서는 명의 부활을 외치는 자들이 저마다 황족을 추대하며 나라를 재건하고자 했다.

동남 지역의 복주에서 남명의 당왕 정권을 지원했다.

명 조정을 따르며 동중국해 에서 세력을 키우고 있던 정지룡은

일단 명의 황족을 도와줘 볼까?

이대로 가면 누가 이길지 모르니 …

오오, 윤허 하네.

허니 일본에 원군을 요청해 보겠나 이다.

전하, 소신이 오랜 기간 일본을 오간 탓에

소신의 아들은 일본의 히라도에서 태어났 나이다.

정림
정지룡의 아들

정지룡

그 공로로 자네의 아들에게 황족의 성씨인 '주(朱)'씨를 하사하겠다.※1

주율건
당왕

※1. 황족: 왕족의 성씨를 하사한다는 것은 그에 준하는 대우를 약속한다는 뜻

화, 황공하옵니다.

소신 '성공', 앞으로

또한 '성공'이라는 이름도 함께 내리지.

목숨을 바쳐 황실을 수호하겠나이다.

!!

※2 '왕실의 성을 쓰시는 분'이라는 뜻으로, 민난어로 '콕싱야'라고 불림

일본에서는 에도 시대의 극작가인 '지카마쓰 몬자에몬'이 표현한

정성공의 이야기를 담은 분라쿠,※3 《고쿠센야 갓센》이 큰 인기를 누렸다.

명 황족의 성씨를 하사받은 정성공은 이후 '국성야(國姓爺)'라고 불렸는데,

※3 '닌교조루리'라고도 불리는 일본의 전통 인형극

명의 재건에 힘을 보태달라 합니다.

쇼군.

명의 정지룡이라는 자가 원군을 요청했다고요?

에도 성

도쿠가와 이에미쓰

바다 너머로 군사를 보내는 어려움은 조선에서 충분히 경험 했습니다.

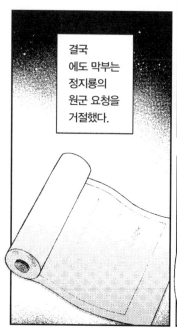

결국 에도 막부는 정지룡의 원군 요청을 거절했다.

군이 위험을 자초할 필요는 없겠지요.

만일 패한다면 쇼군의 위상에 흠집이 날 수도 있습니다.

정지룡은 청에 항복하며 아들에게도 투항을 재촉했다.

더 이상 명의 편을 들 필요가 없겠군.

좋아, 그럼 청에 붙어 볼까?

그러는 동안 청군은 추격을 늦추지 않았고

1646년 끝내 당왕 정권을 멸망시켰다.

152

하지만 탄압만으로는 민심을 얻을 수 없다.

청은 명이 지배하던 지역에서는

한족의 풍속에 따라 통치했다.

이전의 방식을 유지하되 잘못된 제도를 없애자.

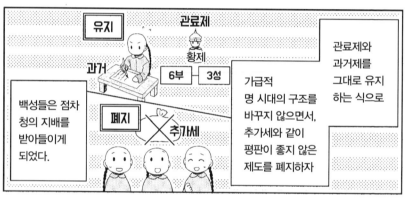

유지

관료제

황제

6부 ― 3성

과거

폐지

추가세

관료제와 과거제를 그대로 유지하는 식으로

가급적 명 시대의 구조를 바꾸지 않으면서, 추가세와 같이 평판이 좋지 않은 제도를 폐지하자

백성들은 점차 청의 지배를 받아들이게 되었다.

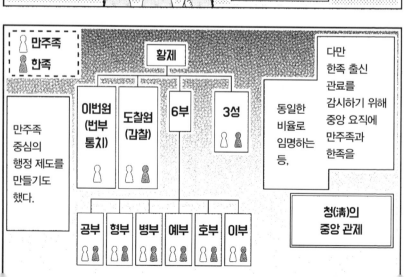

만주족
한족

황제

이번원 (번부 통치)

도찰원 (감찰)

6부

3성

공부 형부 병부 예부 호부 이부

만주족 중심의 행정 제도를 만들기도 했다.

동일한 비율로 임명하는 등,

다만 한족 출신 관료를 감시하기 위해 중앙 요직에 만주족과 한족을

청(淸)의 중앙 관제

팔기 ◎ 북경

한족 병사

안 그래도 적은 병력이니 팔기는 수도와 주요 도시에만 배치하고

작은 도시나 마을에는 한족 병사를 분산 배치하라.

팔기제는 소수 정예로 운영된다…. 지금의 영토를 다스리기엔 그 수가 턱없이 부족해.

군대 편제에도 동일한 방식을 적용했다.

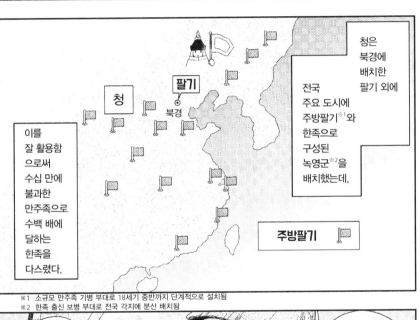

청 팔기 ◎ 북경

청은 북경에 배치한 팔기 외에

전국 주요 도시에 주방팔기[※1]와 한족으로 구성된 녹영군[※2]을 배치했는데,

이를 잘 활용함으로써 수십 만에 불과한 만주족으로 수백 배에 달하는 한족을 다스렸다.

주방팔기

※1 소규모 만주족 기병 부대로 18세기 중반까지 단계적으로 설치됨
※2 한족 출신 보병 부대로 전국 각지에 분산 배치됨

신뢰하기 힘든 한족 병사들도 잘 부릴 수 있겠지.

이렇게 하면 반란이 일어나도 팔기로 막을 수 있고

모든 대소사를 섭정왕께서 결정하셨으니,

과연 어린 황제께서 잘 하실 수 있을까?

...

고작 38살의 나이로 돌아가실 줄이야...

1650년 막대한 권력을 휘두르던 도르곤이 급사하면서

13살인 순치제가 직접 나라를 다스리게 되었다.

저들이 업신여기지 못하도록 학문에 힘써야 나라를 다스릴 수 있겠어.

지금부터 이 나라의 모든 일은 황제인 내가 결정한다.

순치제

동아시아 외에 중앙아시아의 문화까지 함께 존중하는 자세를 보였다.

청은 이 회견으로 티베트 불교를 존중한다는 사실을 몽골의 군주들에게 알리고

달라이 라마 5세

티베트 불교의 지도자인 '달라이 라마'※2를 초청했다.

한편 몽골인들이 티베트 불교※1에 의지한다는 점에 주목한 순치제는

※1 인도에서 티베트로 전파돼 발전한 불교. 몽골에도 전파됨
※2 티베트 불교의 최고지도자로 대대로 환생한다고 믿어짐. 이때는 '달라이 라마 5세' 시기(1617~1682)

이듬해 오삼계에게 살해되었다.

1662년 이로써 남명은 완전히 멸망했다.

같은 시기 버마※3까지 도망친 남명의 마지막 황제, '계왕'이 붙잡혀

버마

그러나 1661년 천연두에 걸린 순치제가 23살이라는 젊은 나이에 사망하면서

아들인 '강희제'가 7살의 나이로 즉위하게 되었다.

※3 지금의 미얀마

그로 인해 손발이 묶인 정성공은 궁지에 몰렸다.

청은 해외 무역을 기반으로 세력을 구축한 정성공을 몰아세우기 위해 「천계령」을 내려

연안에 사는 백성들을 수십 킬로나 떨어진 내륙 지방으로 강제 이주 시켰다.

조용···

이러면 물자를 얻을 수 없잖아···!!

1661년 정성공 역시 수세에 몰려 있었다.

불리하다고 청에 항복할 수는 없다 ···!

꺼져!

타이완 섬

정성공은 당시 네덜란드 동인도 회사가 거점으로 삼던 타이완 섬을 습격했고,

이듬해 네덜란드는 타이완 섬을 떠났다.

네덜란드인

질란디아 요새
타이완 섬

이대로는 불리하다 …

타이완 섬을 점령한 뒤 그곳에서 반격을 꾀하자!

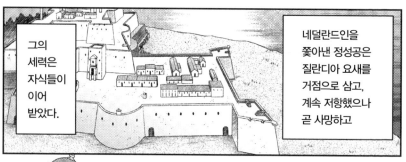

그의 세력은 자식들이 이어 받았다.

네덜란드인을 쫓아낸 정성공은 질란디아 요새를 거점으로 삼고, 계속 저항했으나 곧 사망하고

강희제

즉위 초기에는 4명의 만주족 귀족이 보좌했다.

한편 1661년에 즉위한 강희제는 겨우 7살에 불과해서

서양인의 달력을 사용해선 안 됩니다! 전통적인 역법※1에 따라야 합니다!

명에 이어 청의 황궁에도 선교사들이 드나들었는데, 그들의 실용적인 과학기술은 매우 귀중한 것이었다.

그러나 이때

※1 천체를 관측하고 이를 한 해의 달력으로 만드는 방법

'남회인'※2, 너희 나라의 역법을 가르쳐 다오.

한족 천문관의 주장으로 서양인 선교사가 만든 달력이 폐지되는 사건이 발생했다.

대신들이 가진 서양인에 대한 반감과

※2 청에서는 '남회인'이라는 이름으로 불림

하지만 강희제는 서양 학문에 관심이 있었다.

폐하께서 직접 배우실 생각이십니까?

흠.

하지만 어떤 역법을 사용하든 달력은 정확해야만 한다.

페르디난트 페르비스트※2
가톨릭 예수회 선교사

하하
…

참으로
명석한
분
이시다.

물론이다.
짐 스스로
이해하지
못했는데,
어찌
다른 사람의
옳고 그름을
판단할 수
있겠는가?

그해 강희제는
섭정을 멈추고
직접 통치에
나섰다.

젊은
강희제는
우선
남방 지역의
과제부터
해결하고자
했다.

강희제는
자신의 앞에서
음력과 양력을
사용해 태양을
관측하게 했다.

승
리
!

1669년
양력이
채택
되었다.

그 결과
페르비스트의
양력이
정확하다는
인정을 받아

오삼계

경정충

상가희

당시 남명과의 전쟁에서 공을 세운 오삼계, 상가희, 경정충 이 3명의 한족 장군이 지배하던

남방 지역은 '삼번(三藩)'이라 불리며 거의 독립국과 같은 취급을 받았다.

운남 (윈난)

광동

복건 (푸젠)

타이완 섬

정씨왕국

예, 한족 장군들은 분명 이자성과 남명을 제압하는 데 큰 힘이 되었지만, 이제 하늘 높은 줄 모르고 날뛰고 있습니다.

그래, 삼번의 처리가 문제 라고?

오삼계와 경정충 또한 조정의 반응을 살피고자 임지에서 물러날 것을 청했다.

이때 상가희가 노쇠를 이유로 은퇴하고 요동으로 물러나고 싶다는 상소를 올렸는데,

피워일단운을 보자
할수없지
고향으로 돌아가고파

그들은 장차 조정에 큰 위협이 될 수도 있습니다.

폐하, 이번 기회에 삼번을 폐지 하시지요.

하지만 상소대로 은퇴시켰다간 무슨 짓을 벌이겠나?

이거야 원, 상가희야 진심이겠지만 예상대로 오삼계까지 상소를 올릴 줄이야.

그만!

하지만 조정 에서는...

지금의 청 황실은 내가 남방을 평정했기에 완성된 거나 다름없으니

당황하며 만류할 게 틀림없다.

오삼계

일단 상가희 님과 함께 은퇴 상소를 올렸으나,

짐은 삼번을 폐지 하겠다!

어차피 믿지 못할 자가 아닌가!

애송이 녀석이 …!

꾸깃

※ 청을 쫓아내고 명을 다시 세우자

싹둑

1637년 오삼계가 '반청복명'[*]을 내세우며 군사를 일으키자 다른 세력들도 여기에 합류했다.

'삼번의 난'의 시작이었다.

흥! 나를 업신여기다니!

그렇다면 답은 하나뿐이다!

남명을 멸망시킨 장본인이 바로 오삼계이니만큼 그가 주장하는 '명을 다시 세우자'라는 말은 설득력이 떨어졌다.

자기 손으로 명을 멸망시켜 놓고는 …

반란군이 화중과 화남 지방 대부분을 차지하면서 청은 잠시 위기에 몰렸으나,

화중

복건

화남

운남

광동

오삼계, 역시 배반했나!

감히! 삼번 폐지는 황명이다!

다들 당황하지 말고 진압하라!

오삼계는 황제를 칭했으나, 곧 병으로 죽으면서

또 아직 19살에 불과한 강희제가 나서 반란 진압을 진두지휘하면서

점차 청이 우위를 점하게 되었다.

1681년 내란이 평정되었다.

네 이놈, … 그렇다면 내가 직접 황제가 되겠다!

1683년 청 함대가 타이완 섬으로 진격해

저항을 지속하던 정성공의 손자를 굴복시켰다.

'청의 입관'으로 부터 약 14년 뒤, 청은 드디어 남방 지역까지 손에 넣었다.

이제 남은 건 타이완 섬의 정씨왕국 이다.

※1 바다를 금함(海禁), 민간인의 해외 출항이나 해상 무역을 제한하는 정책

※2 청에서 온 상선을 말함

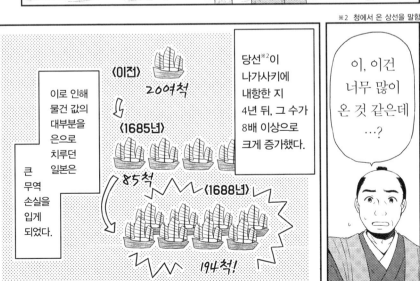

과도하게 많은 선박과 선원이 몰려들자 나가사키는 큰 혼란에 빠졌다.

사람과 배가 너무 많아 일일이 확인하기 어려운 데다, 밀무역까지 횡행하고 있습니다.

음, 네덜란드 상인들처럼 숙박과 품목을 관리해야겠군…

나라 간 교류에는 우위를 점하기 위한 대립이 발생하기 때문에 나가사키에서는 청과의 무역을 민간 상인들 간의 무역으로 규정했다.

단 이는 어디까지나 민간 사업으로 진행해야 할 것이야.

이제부터 당인※1은 도진야시키※2에 머물게 하고 마을 사람들에게 시중을 들게 하라.

※1 당나라 사람(唐人). 당시 중국에서 온 사람들을 일본에서 부르던 호칭
※2 나가사키에 설치된 중국인 거주지

네덜란드 선박의 내항은 1년에 2~3척 정도에 불과해 나가사키는 당선 무역의 중심 도시라고 할 수 있었다.

네덜란드 상관이 데지마에 들어서고 약 반세기 정도 지난 1689년, 나가사키에 도진야시키가 설치되면서 청 상인과 뱃사람들은 그곳에서 생활하게 되었다.

북경
요동 반도

강남 지방의 백성들에게도 그들의 문화를 존중하는 모습을 보여주자.

소주 (쑤저우)

강남

1684년 남방을 평정한 강희제는 강남 지방 순행※3에 나섰다.

※3 국왕·황제 등이 각지를 돌아다니며 직접 확인하는 일

이곳이 소주… 지상낙원은 이곳을 가리키는 말이구나.

이때 강희제는 소주에 있던 강녕직조※4의 집에서 가끔씩 머무르곤 했다.

소주

만주족 황제를 처음 보는 강남 백성들에게 중국의 문화와 전통을 보호하고, 실천하고 있다는 사실을 각인시켰다.

강희제는 가는 곳마다 감세 정책을 발표하거나 연극을 관람하는 식으로

※4 황제나 황실이 사용하는 비단 생산을 관리하던 감독관

번영을 투영해 청 문학의 대표적인 장편 연애 소설 『홍루몽』을 집필하기도 했다.

이로 인해 18세기 작가 '조설근'은 오랫동안 강녕직조를 지낸 할아버지 '조인' 가문의

강희제는 선조의 묘역을 참배한다는 명목으로 요동 반도와 길림※1 지방을 순행했는데,

그의 시선은 저 멀리 북쪽을 향해 있었다.

강희제가 순행한 지방은 강남 뿐만이 아니었다.

※1 오늘날 중국의 지린 성

러시아

헤이룽 강
(아무르 강)

일본

조선

준가르

할하부

북경

청

청-러시아 사이의 분쟁 지역

바로 러시아였다.※2

※2 당시의 러시아는 로마노프 왕조(1613~1917) 시기

시간을 거슬러 1681년 강희제는 삼번의 난을 평정한 뒤, 러시아를 물리치기 위한 대책을 강구했다.

당시 러시아는 모피를 얻고자 시베리아로 진출했는데, 이 때문에 헤이룽 강 방면에서 청과 잦은 마찰을 빚었다.

러시아인이 헤이룽 강 유역에 처음 모습을 드러낸 것은 1640년대의 일이었다.

드디어 삼번의 난을 진압했다!

이제 북쪽의 러시아를 막기 위해 군사를 보낼 수 있다!

1689년 예수회의 중재로 청과 러시아 사이에 '네르친스크 조약'이 맺어지면서

러시아는 헤이룽 강 일대에서 물러나게 되었다.

그렇지만 몽골도 어딘지 수상쩍다…

러시아와의 문제를 빨리 매듭지어야겠어.

할하부는 우리의 적이다! 감씨는 자들까지 모두 적으로 간주할 것이다!

갈단
준가르의 칸

1688년 서몽골의 준가르가 외몽골[3]의 할하부와 전쟁을 벌인 것이다.

러시아

준가르 → 할하부

내몽골

북경

청

비슷한 시기 서쪽에서도 새로운 분쟁이 발생했다.

※3 몽골 고원 일대. 오늘날의 몽골 공화국

내몽골은 피난민들로 넘쳐나게 되었다.

갈단에게 패배한 할하부의 백성들이 남쪽으로 대거 몰려와

준가르군

올란 부통 초원

타앙

탕

북경

청군

1690년 준가르군이 내몽골까지 진격하자

청군은 이에 맞서 싸웠다.

할하부의 백성들을 못본 체 할 수는 없지.

이로써 내몽골뿐 아니라 외몽골 또한 청의 지배를 받게 되었다.

폐하, 저희 할하부를 위해 싸워 주시다니 황은이 망극합니다.

이듬해 회맹※1이 열리고 할하부의 왕족들이 강희제에게 충성을 맹세했다.

※1 유력자들이 모여 맹약을 맺는 일

갈단은 패배해 도주했고, 훗날 병사했다.

강희제가 직접 대군을 이끌고 원정에 나서자,

우리의 신하인 할하부를 지키자! 갈단을 쳐라!

아직 갈단은 몽골 고원에서 버티고 있다.

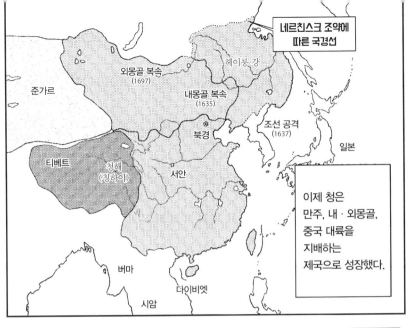

네르친스크 조약에 따른 국경선

외몽골 복속
(1697)

헤이룽 강

준가르

내몽골 복속
(1635)

북경

조선 공격
(1637)

일본

티베트

청해
(칭하이)

서안

이제 청은
만주, 내·외몽골,
중국 대륙을
지배하는
제국으로 성장했다.

버마

다이비엣

시암

이 즈음
강희제의
아들들
또한
장성해

팔기를
이끌
었는데
…

황태자를
끌어
내리기
위해
치열한
암투를
벌였다.

하지만
황자들과
그 수하들이
차기 황제를
미리 정하는
황태자 제도에
불만을 품고

강희제는
관례를 깨고
황태자를
책봉했다.

짐이
살아 있을 때,
후계자를
정해두지
않으면 반드시
분란이 생길
것이다.

끝내 유폐※1 되고 말았다.

황태자 전하, 고정하시옵소서!

그 결과 황태자는 권모술수가 난무하는 후계자 싸움을 견디지 못하고 이상 행동을 보이다가

주변엔 온통 적들, 적들 뿐이다!

※1 어떤 장소에 가두고 밖으로 내보내지 않는 일

강희제는 어쩔 수 없이 황태자 제도를 포기하고 말았다.

기대 했거늘, 아쉽구나…

황태자 제도는 없던 일로 하겠다.

1722년 어느덧 '강희(康熙)' 라는 연호가 61년을 맞이한 어느 날,

생각해 보니, 짐은 실로 오랫동안 나라를 다스렸구나.

강희제는 눈을 감았다.

중국 역사상 가장 길었던 재위 기간,

천하는 안정되고

청은 발전해 나아갔다.

※2 張玉書 외 31인,
『康熙字典』, 1716

짐이 정한 한자의 자형은 우리나라뿐만 아니라 다른 나라에도 도움이 되리라.

몽골 전사들과 활 실력을 겨루고, 한족 유학자들과 학문을 논하며,

강희제는 『강희자전』※2을 편찬하고, 한자의 표준 자형※3을 정했다.

서양의 선교사들로부터 과학을 배웠다.

※3 한자의 모양(字形)으로, 대한민국 등 여러 한자 사용권 국가의
정자체(正字體), 일본의 구자체(舊字體)를 말함

과연 대왕이라는 칭호가 아깝지 않은 군주로다!

강희제의 명성은 청 황실에서 일했던 선교사들의 보고를 통해 유럽까지 전해지며

동양의 이상적인 군주로 여겨졌다.

루이 14세
프랑스 국왕

다양한 민족과 광활한 지역을 지배한 '청(淸)'. 국가의 기반을 다진 강희제는 세상을 떠났지만

동북 아시아의 소수 민족에서 출발해

청은 계속해서 번영으로 달려갔다.

유럽의 중앙에서 독일의 제후들을 다스리며 그 존재감을 과시하던 신성로마 제국은

1618년에 발발한 '30년 전쟁'으로

독일 북부의 연안 지역

신성로마 제국

프랑스

알자스-로렌

스위스

알자스-로렌 지방의 일부와 스위스, 그리고 독일 북부의 연안 지역 등을 포기해야 했다.

베스트팔렌 조약에 따라 포기한 지역

영주

신성로마 황제

폐하께서는 저희 영지의 일에 관해 왈가왈부하지 마십시오!

더군다나 제국을 구성하던 약 300개에 달하는 제후국들의 완전한 주권을 인정하게 되면서

황제의 세력은 크게 약화되었다.

174

오스만 제국은 대군을 파견해 곧바로 헝가리의 부다*에 쳐들어갔고

빈 ◉

헝가리

신성로마 제국

◉ 부다

두두두두

※ 지금의 '부다페스트(Budapest)' 서쪽 지역. 부다페스트는 1873년 다뉴브 강
  서쪽의 '부다(Buda)'와 동쪽의 '페스트(Pest)'가 합쳐져 형성됨

이때 레오폴트 1세는 서쪽의 파사우로 몸을 피했다.

20만이나 되는 적군에 비해 아군의 전력은 병사 1만 6천 명에 시민들뿐입니다.

어떻게든 막고는 있습니다만, 이대로 가다가는 …

1638년 기세를 몰아 신성로마 제국의 수도나 다름없는 빈을 포위했다 (제2차 빈 공방전).

휙

어, 어딜 가십니까 !?

덜거

폐, 폐하!

아아, 제국은 이대로 사라지고 마는가 …

그대들은 이곳을 지켜라.

짐은 유럽의 제후들에게 원군을 요청하러 다녀오겠다.

두구두구…

저, 저건 …?

!

와ー 와ー

약 2개월 뒤

빈의 성벽

곧이어 합스부르크 왕가의 반격이 시작되었다.

지원군이 활약하면서 레오폴트 1세는 오스만 제국군을 빈에서 몰아내는 데 성공했다.

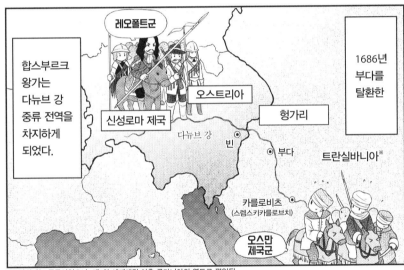

합스부르크 왕가는 다뉴브 강 중류 전역을 차지하게 되었다.

레오폴트군

오스트리아

신성로마 제국

헝가리

다뉴브 강

빈

부다

1686년 부다를 탈환한

트란실바니아※

카를로비츠
(스렘스키카를로브치)

오스만 제국군

※ 당시에는 공국이었으나, 제1차 세계대전 이후 루마니아의 영토로 편입됨

헝가리 의회

우리 왕가가 다스린다 해도 헝가리 귀족의 전통적인 권리는 앞으로도 존중할 것이오.

헝가리 의회는 이 전투에서의 공로를 높이 평가해 합스부르크 왕가의 헝가리 왕위 계승을 공식적으로 인정했다.

후퇴한 오스만 제국은

1699년 지배하던 헝가리 영토와 트란실바니아 등을

신성로마 제국에 양도했다. (카를로비츠 조약)

합스부르크 왕가는 이슬람 세력 으로부터 유럽의 그리스도교를 지켜내는 데 성공하면서

그 위상이 다시 높아졌다.

이로써 오스만 제국은 유럽에서 물러나게 된 반면,

중부 및 동부 유럽에서 합스부르크 왕가의 영토는 거의 두 배로 넓어졌다.

| 합스부르크령

쭈우～～우

슬로바키아

헝가리

트란실바니아

크로아티아

덴마크

발트해

프로이센

폴란드

슐레지엔

헝가리

오스트리아

빈

같은 시기 중부 유럽에서는 프로이센이 두각을 드러내기 시작했다.

※ 12세기 말에 창립된 종교 기사단. 발트 해 연안에 독일(튜턴) 기사단국을 세움

본래 프로이센은 기사들이 지배하던 독일 기사단국※이었으나,

종교개혁 당시 기사단장 '알브레히트 폰 프로이센'이 개신교로 개종하면서

1525년 프로이센 공국이 탄생했다.

하지만 17세기 초 공국의 대가 끊기고 말았다.

이로 인해 친척이었던 신성로마 제국의 브란덴부르크 선제후가

브란덴부르크 선제후

여기도, 저기도 모두 나의 땅이다!

프로이센 공작 자리에 올랐다.

프로이센령

브란덴부르크령

그리고 30년 전쟁이 한창이던 1640년,

그야말로 '약육강식'이라는 말이 적절하지 않은가.

혼돈의 시대다.

'프리드리히 빌헬름'이 브란덴부르크 선제후 자리를 이어받으며

프로이센 공작이 되었다.

훗날 '대선제후'라고 불리는

프리드리히 빌헬름
대선제후

먼저 관료제를 정비하자.

이렇게 해!

넵넵!

그렇기에 먼 영지까지 제대로 다스리려면 제도가 필요해.

흠, 우리 공국의 영지는 멀리 떨어진 곳에도 있지.

병사를 고용하고 명령에 따라 일사불란하게 움직이도록 미리 훈련시켜두자. (상비군 제도)

또 전쟁이 일어날 때마다 병사를 징집하는 건 비효율적이니

저하의 명령은 절대적입니다!

칙서

이로써 관리들이 철저하게 세금을 징수하고 정책을 실행할 수 있어.

주민

※1 'Junker', 엘베 강 동쪽의 지주 귀족
※2 영주가 노예처럼 지배하는 농민층, 융커들은 실질적으로
    농노를 지배했으나, 왕이 정식으로 인정한 권리는 아니었음

그러던 어느 날 프리드리히 빌헬름에게 뜻밖의 소식이 들려왔다.

저하! 프랑스에서 위그노들이 추방 되었다고 합니다!

가톨릭 국가인 프랑스가

개혁파인 개신교 신자들을 내쫓은 것인가 …?

이 시기 프랑스는 국왕인 '루이 14세'가 절대 권력을 행사하고 있었다.

흠, 위그노 중엔 귀족이나 학자뿐만 아니라

상인이나 장인들도 많았을 텐데.

예, 칼뱅이 '노동은 하나님께서 허락하신 일' 이라 가르쳤기 때문이죠.

독실한 가톨린 신자였던 루이 14세는 위그노로부터 신앙의 자유를 박탈하고 철저히 탄압했다.

그렇게 브란덴부르크 선제후령에 약 2만 명에 달하는 위그노가 자리잡게 되었다.

살았어!

참 감사하구나.

딱

좋아, 그럼 위그노들을 우리가 받아주자.

당시 선진국이었던 프랑스의 뛰어난 기술력은

이주한 위그노들이 물건을 만들어 팔기 시작하면서

독일에 전파되었다.

프리드리히 빌헬름 이후로도 위그노들을 적극적으로 수용한 프로이센에서는

위그노의 기술을 바탕으로 섬유 공업 분야 등이

크게 발전하게 되었다.

당시 양말 공방의 모습

브란덴부르크 선제후여, 도와주게나.

전쟁을 앞둔 신성로마 황제는 프로이센에 지원군을 요청했다.

레오폴트 1세
신성로마 황제

그런 와중 1701년에 일어난 '스페인 왕위 계승 전쟁'은 영국[1]과 프랑스를 중심으로

유럽 각국이 참전하는 국제 전쟁으로 확산되는 양상을 보였다.

우리의 자랑인 상비군의 힘을 보여줄 때가 왔구나.

당시 프로이센은 프리드리히 빌헬름의 아들인 '프리드리히 3세'가 다스리고 있었다.

프리드리히 3세
브란덴부르크 선제후

※1 1707년 잉글랜드와 스코틀랜드가 통합된 '그레이트브리튼 왕국(영국)'을 말함

특례[2]를 통해 '프로이센의 왕'이라는 칭호를 얻게 되었다.

프리드리히 3세는 지원군을 파견하는 대가로

※2 신성로마 제국의 영토인 브란덴부르크가 프로이센 공국의 선제후령으로 인정됨.
이는 쉽게 말해 브란덴부르크도 프로이센 군주의 영토로 인정되었다는 것을 의미함

프로이센 왕국

1701년
프로이센
왕국이
탄생했다.

NEW
프리드리히 1세
초대 프로이센 국왕

이로써
브란덴부르크의
선제후인
프리드리히 3세가
초대 프로이센 왕인
'프리드리히 1세'로
즉위함에 따라

우리나라는
멀리 떨어진
영지들이 많아
국가 기반이
불안정하다.

따라서
군사 제도부터
강화하겠다.

더욱
발전하게
되었다.

나아가 프로이센은
이른바 '군인왕'이라
불리는 프리드리히
1세의 아들,
'프리드리히 빌헬름
1세'의 치세에

프리드리히 빌헬름 1세
군인왕

각 칸톤에서
일정 인원을
병사로 차출하는
제도를 만들었다.

군인왕은
전국을
'칸톤(Kanton)'
이라는 구역으로
나누고,

모
집
한
다!

병
사
를

연대장

이
우
리
동
네
부
대
에
서
는

전국 각지에서
병사를
효율적으로 모을
수 있는 제도[3]를
시행한다.

톡

※3 징병제에 가까운 제도. 단 근대 이후의 징병제처럼 모든 남성이 대상은 아님

프로이센에는
모든 권력이
국왕에게
집중되는
절대 왕정이
확립되었다.

또 할아버지인
대선제후가 만든
상비군 제도와
관료제를 한층
강화하면서

이렇게
병사들을
징집하고
혹독하게
훈련시킨
결과,

프로이센군은
순식간에
유럽에서
손에 꼽히는
강한 군대로
거듭났다.

척

군사국가로서
유럽에서의
발언권을
높여 나갔다.

이렇게
신흥국인
프로이센
왕국은
18세기
중반 무렵

제국령

합스부르크령

프로이센

오스트리아

헝가리

오스트리아 역시 그 존재감을 드러내고 있었다.

같은 시기 신성로마 제국의 연방 중 하나인

제2차 빈 공방전에서 승리해 영토를 넓힘으로써

그 영향력이 확대되고 있었다.

신성로마 황제

오스트리아 대공

합스부르크 왕가는 오스트리아 대공과 신성로마 황제의 직위를 모두 가진 데다,

짜

안

1740년 오스트리아 수도 빈의 궁전

아버지, 눈을 뜨세요!

유럽은 이 두 나라의 관계를 중심으로 크게 요동치고 있었다.

프로이센과 오스트리아,

아버지!

마리아 테레지아

마리아, 이제 이 주님의 아비는 곁으로 가나 보구나 …

카를 6세

신성로마의 황제이자 오스트리아의 대공인 '카를 6세'는 죽음을 눈앞에 두고 있었다.

※ 스페인 계승 전쟁(1701~1714). 다만 1734년 스페인이 나폴리를 차지함

다만 그에게는 뒤를 이을 아들이 없었다.

다양한 민족을 포용하면서 영토를 확장했다.

남네덜란드, 밀라노, 나폴리,※ 사르데냐를 획득하는 등

스페인 왕위 계승 전쟁을 통해

레오폴트 1세의 아들인 카를 6세는

수많은 전쟁에서 승리를 거둔 위대한 군주였다.

남네덜란드

【오스트리아 영토】
스페인 왕위 계승
전쟁 이후

밀라노

사르데냐

나폴리

비록 결혼한 몸이긴 하나, 내 뒤를 이을 사람은 마리아 너뿐이란다.

내가 죽으면 오스트리아 대공 자리에 눈먼 자들이 벌떼처럼 달려들 게다.

제후들은 여성 후계자를 인정하지 않으니, 영토를 빼앗으려 들 겁니다…

물론입니다. 하지만 괜찮을까요…?

마리아, 내 뒤를 이어 대공이 되어 주겠니?

대비해 놓았단다.

합스부르크 왕가를 네 손으로 지켜내는 거다.

슥…

합스부르크 왕가가 다스리는 영지의 분할을 금지하고

맏이가 모든 영지를 상속할 것을 공표한 국사조칙※1 이다.

바이에른과 작센, 영국과 프랑스도 여기에 서명했지.

알겠습니다, 아버지…

제가 하겠습니다.

딸아, 아들이 아닐지라도…

나의 뒤를 이어

이 오스트리아를 이어받을 후계자는 바로 너란다.

1740년 마리아 테레지아는 오스트리아 대공의 자리에 올랐다.

그녀의 나이, 23살의 일이었다.

1740년 이를 계기로 '오스트리아 왕위 계승 전쟁'이 발발했다.

이윽고 프로이센은 군대를 보내 슐레지엔을 점령했다.

우리 합스부르크 왕가가 대대로 황제를 배출한 신성로마 제국에 복종해야 하거늘…

프로이센 국왕은 브란덴부르크의 선제후이기도 하니,

슐레지엔을 빼앗겼다니!?

오, 생각보다 할 만 하겠는데?

영토를 빼앗을 절호의 기회다!

이를 지켜본 유럽 각국은

슐레지엔

슐레지엔을 되찾기엔 역부족이었다.

오스트리아

이에 오스트리아에서도 즉시 군사를 보냈지만,

영국

프로이센

작센

슐레지엔

프랑스

바이에른

오스트리아

헝가리

스페인

오스트리아 적대 세력

프로이센을 따라 오스트리아를 공격하기 시작했다.

마리아 테레지아는 막 출산한 자신의 아들을 데리고 헝가리로 향했다.

사면 초가인가...

동쪽 세력들까지 쳐들어오면 이 나라는 끝장이야.

그러니 무슨 수를 써서라도 동쪽의 헝가리를 우리 편으로 끌어들여야만 해.

반드시...!

다그닥

다그닥

만일 실패 한다면,

오스 트리아는 끝장이야.

다그닥

헝가리에는 우리 왕가의 지배에 불만을 품은 자들도 많다지…

설득이 통할지는 미지수지만…

그래도 …

다그닥

척

헝가리 의회

… 여러분, 지금 오스트리아는 심각한 위기에 직면해 있소.

부디 …

웅성…

196

헝가리의 지지 선언은 오스트리아를 적대하던 나라들을 동요시켰다.

모두 감사를 …

정말 감사 하오 …

이쯤에서 손을 떼는 게 좋을지도 모르겠군.

이 전쟁, 생각보다 오래 걸리겠는걸.

설마 헝가리가 여자 군주 편에 설 줄이야.

프랑스

스페인

바이에른

그리고 1748년 '아헨 조약'을 체결하면서 오스트리아 왕위 계승 전쟁은 막을 내렸다.

오스트리아

마리아 테레지아와 오스트리아군은 각국의 공격을 필사적으로 막아내며

자국의 영토에서 적군들을 물리쳤다.

헝가리

하지만 저렇게 강한 프로이센을 어떻게 상대해야 할 지…

'하우크비츠', 좋은 방법이 없을까요?

빈

아무리 생각해도 프로이센이 슐레지엔을 괘씸해. 반드시 되찾아야만 해.

지방 행정과 군사·사법·재정 등을 철저히 개혁하며 나라의 재건에 힘썼다.

하우크비츠

마리아 테레지아는 오른팔인 슐레지엔 출신 귀족 '하우크비츠'와 함께

전쟁에 상관없이 군인을 훈련시킨 채용해 덕분 입니다.

폐하, 프로이센이 강한 이유는

그 말은 프로이센처럼 상비군을 만들라, 이 말이군요.

좋은 의견이에요.

반면 우리나라는 전쟁이 일어나고 나서 귀족들에게 원군을 요청하니 효율이 떨어질 수밖에 없습니다.

마리아 테레지아는 군사 제도를 개혁해

1748년부터 약 1년간 10만 8천 명의 상비군을 편제함으로써

강한 군대를 가지게 되었다.

이어 1745년 그녀의 남편인

'프랑수아 에티엔'이 신성로마 황제 '프란츠 1세'로 즉위하면서

오스 트리아는 과거의 영광을 되찾았다.

※ 러시아의 '황제' 칭호.
엄밀히 여성은 '차리나'라고 부르나 '차르'로 통일함

'러시아 제국의 차르, 옐리자베타 폐하,

이미 잘 알고 계시겠지만,

슐레지엔을 빼앗아 간 프로이센은 매우 위험한 나라입니다…'

하우크비츠가 군제 개편에 힘쓰는 동안

프로이센을 무력화시킬 방법을 떠올려보자.

우선 외교전부터 시작해 볼까.

옐리자베타
페트로브나
러시아 제국 차르※

프리드리히 2세라고 했던가, 건방진 게 마음에 들지 않는군.

흠, 하긴 우리 영토도 무사하리란 법은 없지…

러시아

프로이센

오스트리아

이렇게
오스트리아는
러시아와 반프로이센
동맹을 맺었다.

프로이센은
러시아가 언제
배후를 칠지 몰라
항상 경계해야만
했다.

훗,
서쪽도
무너뜨려
주마.

카우니츠
프랑스 대사를 거쳐
훗날 재상이 됨

그동안
우리 편
이었던
영국은,

우리가
슐레지엔을
되찾는 일에는
큰 관심이
없죠.

'카우니츠'
백작, 무슨
좋은 방법이
없을까요?

글쎄요
…

하아,
영국을
믿을 수는
없다는
소리군요?

적대

영국

오스트리아

숙적

프랑스

둘이 손을 잡는다면 영국은 우리의 적이 되겠죠. 다만 영국은 프랑스와 식민지를 두고 다투고 있습니다.

그러니 프로이센을 압박하기 위해선…

!

폐하, 우리의 적인 프로이센 또한

얼마든지 영국에 접근할 위험이 있습니다.

프랑스의 도움을 받아 프로이센과 싸우란 말이에요?

맞습니다.

프랑스와 동맹을 맺으셔야 합니다.

!

프랑스야말로 우리 오스트리아의 오랜 숙적이 아닌가요!

30년 전쟁과 왕위 계승 전쟁에서 그들이 한 짓을 떠올려 보세요!

하지만 폐하, 이것이 최선입니다.

꾸욱...

슐레지엔을 되찾는 것이 무엇보다 중요하니

... 정말 자존심 상하고

프랑스와 손잡을 방법을 찾겠어요!

화가 나서 참을 수 없지만,

전하, 제가 깜짝 놀라실만한 제안을 전할까 하는데요.

뭐라!? 오스트리아와 동맹을?

루이 15세

퐁파두르 부인

마리아 테레지아는 프랑스 국왕 '루이 15세'의 정부인 '퐁파두르 부인'을 통해 이야기를 전했다.

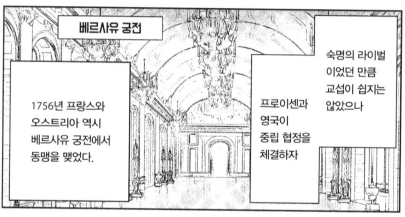

베르사유 궁전

1756년 프랑스와 오스트리아 역시 베르사유 궁전에서 동맹을 맺었다.

프로이센과 영국이 중립 협정을 체결하자

숙명의 라이벌 이었던 만큼 교섭이 쉽지는 않았으나

이를 가리켜 '외교 혁명' 이라고 한다.

이는 오랜 기간 적대 관계였던 유럽의 두 나라가 손잡은 획기적인 사건이었다.

그러나 웃어 넘길 일이 아니다.

패티코트

'프로이센 주위에서 세 자매가 패티코트를 흔들고 있구나.'

라고 프리드리히 2세가 비웃었다고 한다.

흠···

프로이센 포위망을 구축하자···

마리아 테레지아가 엘리자베타 차르, 퐁파두르 부인과 함께

슐레지엔을 무력으로 갈취하는 등, 자국의 이익을 위해서라면 서슴없이 권력을 휘두르던 인물이기도 했다.

프리드리히 2세는 학자·문인과 교류한 교양 있는 군주로만 알려져 있지만,

이윽고 프로이센은 전쟁 준비가 끝났음을 유럽 전역에 알리기 위해 작센을 급습했다.

프로이센

1756년부터 시작된 '7년 전쟁'의 서막이었다.

작센

슐레지엔

오스트리아

언젠가 오스트리아는 반드시 공격해 온다.

그러니 이쪽에서 먼저 선수를 쳐 주마!

프랑스와 러시아가 참전하면서 점차 밀리기 시작했다.

프로이센

러시아

프랑스

에잇!

와하하! 우리 군은 강하다!

두구두

두구

전쟁 초기 프로이센군은 거침없이 진격했으나,

스웨덴

설상가상 여기에 스웨덴이 가세했다.

후후, 스웨덴도 우리를 돕겠다는군.

프로이센

우오 오오오

와아아 아아

오스트리아군

프로이센군

프랑스*도
전쟁에서 그만
발을 빼고
싶어하는
눈치입니다!

옐리자베타 차르의
뒤를 이은
'표트르 3세'가
중립을 선언하며
퇴각을 지시했다고
합니다.

아아!
이 쓸모없는
놈들 같으니!

타악

스웨덴도
프로이센과
평화 협정을 맺을
예정이고,

※ 당시 북아메리카·인도 등지에서 벌어진 프랑스와
영국 사이의 식민지 전쟁에서 프랑스가 패배함

1763년
'후베르투스
부르크 조약'
이 체결되며

7년에
걸친
전쟁은
끝이
났다.

…
하는 수
없군요.

프로이센과
조약을 맺고
전쟁을 끝내도록
하세요.

명실상부한
오스트리아의
'국모'로서
많은 사랑을
받았다.

국정에 힘쓰는
동시에 사랑하는
남편과 16명의
자녀를 둔 그녀는

그토록
바랐던
슐레지엔
탈환은
실패로
돌아갔지만

나만큼 열심히 일한 사람 있으면 나와보라고 해!

번영의 길로 이끈 명군으로 추앙받고 있다.

마리아 테레지아는 쓰러져 가던 오스트리아를 다시 일으켜

마리아 테레지아의 딸이 프랑스의 '루이 16세'에게 시집을 가기도 했다.

한편 오스트리아와 프랑스 사이의 우호적인 관계가 한동안 지속되면서

비극의 왕비, '마리 앙투아네트'로 잘 알려진 바로 그 여성이다.

그녀의 이름은 '마리아 안토니아'.

1780년대
프로이센의 수도
베를린

이 시기
오스트리아와
프로이센에서는
제도·문화 측면에서
다양한 개혁이
일어났다.

빈에서 온
여행자랑
우리 마을의
음악가가
빈과 베를린
중에

어디가 더
위대한
도시인지
언쟁을
벌이는 모양
이더라고.

둘 다
애국심이
장난 아닌가
보네.

한 카페

...   ...

뭐야,
왜 이렇게
시끄러워?

이는 오늘날
'베를린 국립
오페라 극장'
이라 불리는

세계
적인
오페라
하우스
이다.

처억

베를린이
처음이시라면
무조건
프리드리히
대왕께서
만드신

오페라
하우스에
먼저
가보셔야
합니다!

저명한 사상가나 과학자가 회원으로 가입했다.

아카데미는 자연과학과 인문과학, 두 분야의 발전을 위해 설립되었는데,

사냥이나 춤보다 독서를 사랑한 프리드리히 2세는

문화뿐만 아니라 학문을 중요하게 여겨 연구 기관인 '아카데미'를 전폭적으로 지원했다.

몽테스키외
『법의 정신』

이마누엘 칸트
『순수이성비판』

드니 디드로
『백과전서』 편찬

볼테르
『관용론』 『철학서간』

회원 중에는 프로이센을 넘어 당대 유럽 각지에 영향을 미친 사상가들도 있었다.

교리에 어긋나는 연구는 안 돼!

이런 이유로 학문이 발전하지 못했죠.

그래서 전하께서는 좀 더 자유롭게 연구할 수 있는 장소가 필요하다고 생각하셨답니다.

아카데미는 대학과는 다른 곳인가?

네, 대학은 그리스도교의 입김이 강한 곳이잖아요.

또 프리드리히 2세는 베를린 외곽 지역인 포츠담에 로코코※1 풍의 상수시 궁전을 세웠다.

상수시 궁전

※1 18세기 프랑스를 중심으로 발전한 섬세하고 경쾌한 느낌의 미술 양식

볼테르
사상가

바흐※3
음악가

이곳 포츠담에서도 초청된 일류 음악가나 사상가들을 만나실 수 있어요.

우수한 인재들이 모인다는 뜻에서

베를린을 '북쪽의 아테네'※2 라고도 부르는데,

※2 고대 그리스 시대의 문화·학문의 중심지
※3 '요한 제바스티안 바흐(Johann Sebastian Bach)'. 바로크 음악의 대표적인 작곡가

※4 Frederick II, 『Anti—Machiavel』, 1740

프리드리히 2세는 『반마키아벨리론』※4 등의 책을 집필하거나,

시를 지었고, 플루트를 연주했으며, 작곡에도 재능이 있었다.

프리드리히 2세는 똑똑한 사람들을 좋아했나보군.

전하께서 똑똑하셨으니까요.

그게 무슨 뜻이지?

'과인은 국가의 첫 번째 심부름꾼이다.'

전하께서 남기신 명언이 있죠.

있고말고! 바로 우리 오스트리아의 마리아 테레지아 폐하시지!

어때요? 우리 전하에게 대항할 군주가 있을까요?

쉽게 말해 '군주라면 나라를 위해 열심히 일해야 한다' 라는 뜻이죠.

초등학교를 만드셨단 말씀이신가요?

먼저 학문부터 말하자면, 세상을 떠나신 우리 폐하께서는 모든 아동이 초등 교육을 받을 수 있도록 기관을 만드셨다네.

오스트리아에는 다양한 민족이 살고 있었기 때문에 마리아 테레지아는 공용어인 독일어뿐만 아니라 다양한 언어를 가르칠 수 있도록 제도를 개편했다.

심지어 모든 아동!?

정말인가요? 어느 나라 아이든지 공평하게요?

그의 아들인 '요제프 2세'가 통치하게 되었다.

1780년 마리아 테레지아가 사망하면서 오스트리아는

요제프 2세

'공평'을 들으니 생각났는데, 빈에서는 가톨릭이 아닌 종교도 허용하는 「종교적 관용에 대한 칙령」[1]도 선포되었지.

※1 「Patent of Toleration」, 1781

1781년 이후, 요제프 2세는 「종교적 관용에 대한 칙령」을 선포해

그때까지 차별받던 개신교 신자나 유대교 신자 등에게도 종교의 자유를 보장해 주었다.

그리고 뛰어난 음악가를 말할 것 같으면 빈을 빼놓으면 안 되지.

얼마 전에 '모차르트'※2라는 젊은 피아니스트가 등장했는데 말이야…

모차르트라면, 그 천재라고 불리는…!

※2 '볼프강 아마데우스 모차르트(Wolfgang Amadeus Mozart)'. 고전파의 대표적인 천재 음악가 중 한 명. 젊은 나이에 요절했으나 많은 작품을 남김

마리아 테레지아, 요제프 2세를 비롯한 합스부르크 왕가는 음악을 장려해

재능있는 음악가들을 수도 빈의 궁전으로 초대했다.

이로써 음악과 무대 미술이 발전하면서

빈은 '음악의 도시'라는 별명을 얻게 되었다.

요제프 2세는 죄인에 대한 고문·사형의 폐지를 비롯해

검열을 금지하는 등 근대적인 정책을 하나하나 발전시켰다.

그건 우리 프리드리히 대왕님도 마찬가지라고요!

나아가 요제프 2세에서는 고문과 사형을 폐지하려고 하셨지.

고문의 폐지, 언론 및 종교의 자유 등을 비롯한 개혁을 추진했다.

한편 요제프 2세의 개혁에 앞서, 프로이센의 프리드리히 2세 역시

제법 이라니, 무례하시네요.

그래? 프로이센도 제법인걸?

계몽주의는 이성을 중시하고 기존의 관습과 제도, 사회문제를 비판하는 사상으로,

합리성을 가장 중요하게 여겨 자연과학이나 근대철학의 발전에 영향을 주었다.

이 무렵 유럽에서는 새로운 사상인 '계몽주의'가 등장했다.

체사레 베카리아

지금까지의 봉건제 사회나 종교적 속박은 비합리적이오!

볼테르

몽테스키외

범죄자와 이교도도 모두 같은 인간이다.

이마누엘 칸트

드니 디드로

법의 정신

힘은 한 곳에 집중되지 않고 분산돼야 하오.

이들의 사상은 책으로 만들어져 널리 퍼져 나갔다.

이 시대의 지식을 정리해 많은 이들에게 전달해야 해!

계몽이란 자신의 지성을 사용할 용기를 가지는 것이다.

대표적인 계몽 사상가

바로 이거야!

곧이어 계몽주의 서적은 군주들에게도 영향을 주었다.

개혁을 추진하면 분명 백성부터 나라까지 모두 부유해질 겁니다.

백성들을 교육하자꾸나. 그럼 그들은 똑똑하고 부유해질 거야.

이렇듯 계몽주의를 통치 이념에 접목시켜 개혁을 추진하고 나라를 통치한 군주들을 가리켜 '계몽군주'라고 한다.

종교를 제한하거나 고문과 사형을 행하는 일은 비합리적이야.

나는 백성들을 위해 더 좋은 나라를 만들겠다.

농노들은 토지를 떠나거나, 직업을 고를 자유가 없다.

계몽군주들은 개혁을 강하게 밀어붙였지만

곧 한계에 봉착했다.

그들에게 자유를 주려면…

분명 우리나라도 부강해질 걸세!

농노에게 자유를 주면 부자가 되기 위해 열심히 일할 테니

흠, 농노들을 힘겨운 삶으로부터 해방하고 싶은데…

이렇게 요제프 2세는 농노제를 폐지했지만…

요제프 2세는 계몽군주답게 급진적으로 개혁을 단행했다.

바로 시작해 볼까나!

후다닥!!

어이, 너희들은 영주인 내 말만 들으면 돼!

결국 요제프 2세가 사망하면서 흐지부지 되었다.

폐하, 저희 영지의 농노들이 도망갈지도 모릅니다!

농노는 우리 귀족들의 재산입니다!

이윽고 귀족들의 거센 반발에 부딪혔고

오늘부터 종교의 자유를 인정하겠다. 어때, 좋지?

네, 넵!!

한편 계몽군주들의 개혁은 상명하복※ 형태로 진행되었는데,

※ 윗사람이 명령을 내리면 아랫사람은 복종하는 형태

백성들의 생활 개선에는 힘썼으나, 정작 그들이 정치에 참여할 기회는 주지 않았다.

저희 생각은 이렇습니다.

전하, 저희 말을 들어 주십시오!

이들이 실시한 개혁은 분명 진보적이기는 했으나,

기존의 사회체제까지 바꾸는 것은 아니었다.

국왕이 아랫것들에게 정치를 맡기다니, 무책임한 일이오.

각자 신분에 맞는 책임과 의무를 다하면 되는 것 아닌가…?

응? 거기에 뭔가 잘못된 거라도 있나요?

그러던 1789년 프랑스 에서

민중이 정치에 참여할 권리를 요구하는 혁명이 일어나면서

기존의 사회체제가 크게 흔들리기 시작했다.

주요참고도서·자료

【서적】

- 山川出版社, 『新世界史B』(개정판) / 『詳説世界史B』(개정판) / 『山川 小説世界史録』(제2판) / 『世界史用語集』(개정판)
- 明石書店, 『ドイツの歴史を知るための50章』
- 岩波書店, 『岩波講座世界歴史 14』
- 河出書房新社, 『ウィーン包囲 オスマン・トルコと神聖ローマ帝国の激闘』 / 『図説オランダの歴史』
- 講談社, 『海と帝国 明清時代』 / 『オスマン帝国 イスラム世界の「柔らかい専制」』 / 『オスマン帝国500年の平和』 / 『オスマンvsヨーロッパ〈トルコの脅威〉とは何だったのか』 / 『近世ヨーロッパへの道』 / 『紫禁城の光栄 明・清全史』 / 『ハプスブルク帝国』
- 紫禁城出版社, 『清史図典 清朝通史図録』
- 中央公論新社, 『世界の歴史12・15』
- 帝国書院, 『新詳世界史B』
- 東京大学出版会, 『東アジア海域に漕ぎだす 1』
- 白帝社, 『中国服装史 五千年の歴史を検証する』
- 藤原書店, 『康熙帝の手紙(清朝史叢書)』 / 『清朝とは何か 別冊『環』16』
- 山川出版社, 『イギリス史2(世界歴史大系)』 / 『スペイン・ポルトガル史(新版世界各国史 16)』 / 『ドイツ史1・2(世界歴史大系)』 / 『ドナウ・ヨーロッパ史』 / 『西アジア史2(イラン・トルコ)』 / 『フランス史2(世界歴史大系)』
- 明石書店, 『イスラーム世界歴史地図』
- アスペクト, 『中国古代甲冑図鑑』

- 大月書店, 『輪切りで見える!パノラマ世界史③ 海をこえてつながる世界』
- 学習研究社, 『大清帝国 "東洋の獅子"の光栄と落日』
- 河出書房新社, 『図説イスラム教の歴史』 / 『図説神聖ローマ帝国』 / 『図説スペインの歴史』 / 『図説ハプスブルク帝国』 / 『図説ビザンツ帝国 刻印された千年の記憶』 / 『図説フランスの歴史』
- 紀伊国屋書店, 『コーヒーの歴史』
- 講談社, 『イスラーム歴史物語 ビジュアル版』 / 『興亡の世界史』 / 『宗教改革の真実 カトリックとプロテスタントの社会史』 / 『大清帝国への道』 / 『戦うハプスブルク家 近代の序章としての三十年戦争』
- 新紀元社, 『武器甲冑図鑑』
- 真珠書院, 『新・食品事典 11(水・飲料)』
- 中央公論新社, 『オスマン帝国 繁栄と衰亡の600年史』
- 帝国書院, 『明解世界史図説エスカリエ』
- 白帝社, 『清の太祖ヌルハチ』
- 原書房, 『図説スペイン無敵艦隊 エリザベス海軍とアルマダの戦い』 / 『スペイン王家の歴史 ヴィジュアル版』
- ミネルヴァ書房, 『コーヒーのグローバル・ヒストリー 赤いダイヤか、黒い悪魔か』

【WEB】

NHK高校講座 世界史, 国立国会図書館, 風俗博物館, NHK for School

이 책을 만든 사람들

- **감수:** 하네다 마사시(HANEDA MASASHI)
  도쿄대학 명예 교수

- **플롯 집필·감수:**

  제1장 오자와 이치로(OZAWA ICHIRO)
  도요분고 연구원

  제2장 야마모토 다에코(YAMAMOTO TAEKO)
  국제기독교대학 조교수
  가지와라 요이치(KAJIWARA YOHICHI)
  교토산업대학 조교수

  제3장 스기야마 기요히코(SUGIYAMA KIYOHIKO)
  도쿄대학 준교수

  제4장 오니시 가쓰노리(ONISHI KATSUNORI)
  가나부라학원 여자대학 준교수
  유게 나오코(YUGE NAOKO)
  와세다대학 교수

- **자켓·표지:** 곤도 가쓰야(KONDOU KATSUYA)
  스튜디오 지브리

- **만화 작화:** 시로사키 아야(SHIROSAKI AYA),
  미즈나 도모미(MIZUNA TOMOMI)

- **내비게이션 캐릭터:** 우에지 유호(UEJI YUHO)